Alfons Schweiggert

Weihnachten mit König Ludwig II.

Husum

Umschlaggestaltung unter Verwendung von historischen Postkartenmotiven

Bibliografische Information der Deutschen Nationalbibliothek

Die Deutsche Nationalbibliothek verzeichnet diese Publikation in der Deutschen Nationalbibliografie; detaillierte bibliografische Daten sind im Internet über http://dnb.dnb.de abrufbar.

Abbildungsnachweis

Verlagsarchiv: S. 15, 21, 23, 24, 29, 51, 77, 81
Alle anderen Abbildungen stammen aus dem Archiv des Verfassers.

2. Auflage 2024

Gesamtherstellung: Husum Druck- und Verlagsgesellschaft
Postfach 1480, D-25804 Husum – www.verlagsgruppe.de
ISBN 978-3-89876-706-4

König Ludwig II. – ein Liebhaber des Weihnachtsfestes

Ludwig II. von Bayern liebte Weihnachten wie kein anderes Fest im Jahr. Als 23-jähriger junger König versicherte er am 2. Dezember 1868 seinem Lieblingsvetter Prinz Wilhelm von Hessen-Darmstadt: „Nun nahen ja wieder die theuren Weihnachtswochen, die ich stets mit gleicher Freude begrüße; sie gehören doch immer zu den schönsten des Jahres!“ Schon in der Adventszeit freute er sich auf den ganz besonderen Zauber von Weihnachten, dem wohl sinnlichsten und besinnlichsten Fest im Jahr. Er ließ sich vom Duft der Weihnachtsbäckerei ebenso verzaubern wie vom Klang der Weihnachtslieder, vom Glanz der festlich geschmückten Christbäume und von den Ritualen, die dieses Fest umranken.

Porträt Ludwigs II. als junger König

Warum das so war, davon will dieses Buch einiges erzählen. Ludwig II. als schenkfreudiger König verlebte einen Großteil der Weihnachtsabende in der Münchner Residenz, später vor allem aber in dem Schloss seiner Jugend, in Hohenschwangau. In der Adventszeit wurden Kommissionen gemacht und eine Fülle von Gaben musste vorbereitet werden. Vor allem liebte der Märchenkönig Christbäume und er darf wohl zu Recht als einer der „Väter des Christbaums in Bayern" bezeichnet werden.

Wie verlief der Heilige Abend bei den Königskindern, wer wurde beschenkt und was alles kam auf dem Gabentisch zu liegen? Wo feierte Ludwig II. Weihnachten am liebsten? Und worin sah er den tieferen Sinn des Weihnachtsfestes? Lässt sich heute der Heilige Abend noch in einer Form gestalten, die den Vorstellungen des Königs entspricht? Wie verbrachte Ludwig die Zeit zwischen den Jahren und wie Sylvester und Neujahr?

Auch wundersame Geschichten dürfen in diesem königlichen Weihnachtsbüchlein nicht fehlen, so etwa das Märchen vom „Kronprinzen, der schon alles hatte" oder die Geschichte „Wie Ludwig II. den Berger Kindern das Christkind vom Himmel geschickt hat".

Nicht nur Freunde und Verehrer des bis heute beliebten Bayernkönigs, sondern alle, denen das Weihnachtsfest noch etwas Besonderes bedeutet, sind eingeladen, in dieses Buch einzutauchen und „Weihnachten mit König Ludwig II." auf märchenhafte Weise zu erleben.

Der schenkfreudige König

Mit Weihnachten verband sich für den schenkfreudigen Ludwig II. ganz besonders die Suche nach geeigneten Gaben für die zahllosen Menschen, die es zu beschenken galt. Es bereitete ihm stets große Freude, für einen jeden von ihnen die richtige Gabe zu finden. Für die großzügige Mildtätigkeit Ludwigs lassen sich zahlreiche Beispiele finden.

Gebefreudigkeit von Kindheit an

Schon von Klein auf zeigte sich der Kronprinz freigebig „und schenkte gern anderen von seinem Eigentum, Geld und Sachen“, wie seine Mutter vermerkte. Eine für die Gebefreudigkeit des kleinen Ludwig charakteristische Anekdote wird von dem Redakteur Ludwig Schaufert überliefert:

„Als Kind begleitete einst der König seinen Vater nach Bayreuth, wo König Max in der Eremitage Absteigequartier nahm. Bei dem ersten Mittagessen dortselbst beobachtete der siebenjährige Kronprinz längere Zeit den vor der Glastüre auf- und abgehenden Posten. – Plötzlich wandte er sich an den König:

‚Papa! Darf ich dem Soldaten etwas von meinem Essen geben?‘

‚Nein, mein Kind‘, sagte der König freundlich, ‚der darf nichts annehmen, weil er auf Wache steht.‘

Das schien nicht recht in den Kopf des Kronprinzen hineinzuwollen, und nach einigem Nachdenken wandte er sich wieder an den König:

‚Ei, Papa! Wenn der Soldat nichts nehmen darf, so will ich mich ganz leise an ihn heranschleichen und ihm heimlich etwas in die Tasche stecken.‘“

Carola von Schirnding erzählt eine weitere Episode von einem Besuch der Königin Marie mit dem Kronprinzen

Ludwig im Nymphenburger Institut. Einige der Schülerinnen kamen dabei mit Ludwig ins Gespräch. Da entdeckten sie ihren bereits pensionierten Institutsdiener Beppo, der auf einer Gartenbank schlief. Ludwig hörte aufmerksam zu, als die Mädchen den alten Mann über die Maßen lobten. Sie erzählten dabei auch, dass der Greis nicht besonders begütert sei und sie deshalb anlässlich seines Abschiedes eine Geldsammlung für ihn veranstaltet hätten. „‚Das ist hübsch von euch', sagte der Prinz, und ließ sein schwarzes Auge sinnend auf dem ehrwürdigen Greise ruhen. Plötzlich kam die Nachricht: ‚Ihre Majestät, die Königin, haben Ihren Armreif verloren; Kinder, sucht vorsichtig im Sande, um nicht darauf zu treten.' An der nun beginnenden Suche beteiligte sich auch Ludwig. Er fand das Schmuckstück schließlich unter einer Linde und sagte: ‚Hier liegt der Armreif, aber bitte, berührt ihn keiner!' Dann weckte er den alten Beppo und bat ihn um Mithilfe bei der Suche. Der Hausdiener folgte unverzüglich der Aufforderung. ‚Sucht nur unter der großen Linde', rief der Prinz ihm nach, während er zu seiner hohen Mutter eilte. Das frohe Aufleuchten seines Auges und der dankbare Kuss, den er auf die Hand der königlichen Frau drückte, ließ uns ahnen", so Carola von Schirnding, „dass die Königin ihrem edlen Sohn eine Bitte gewährt hatte, deren Erfüllung ihn hoch beglückte. Und wir hatten uns nicht getäuscht." Beppo brachte den rasch gefundenen Armreif der Königin, die ihm überschwänglich dafür dankte und ihm beim Abschied „einen kleinen Zettel mit folgenden Worten in die Hand drückte: ‚Und wenn Sie in Ihrem Heimatdörfchen angekommen sind, trinken Sie gewiss gerne mit einigen Veteranen ein Glas auf das Wohl Ihres Königshauses. Und nun behüte Sie der liebe Gott.' Das Papier aber, das die Königin dem Alten auf des Kronprinzen Bitte gereicht, war eine Anweisung auf 100 Gulden (170 Mark), die dem Überglücklichen seine alten Tage sorgenfreier machen halfen." Dafür, dass der alte Beppo zu dieser großzügigen Gabe kam, hatte auf diese recht ungewöhnliche Weise Kronprinz Ludwig gesorgt.

Ludwig beschenkt das Bayernvolk.

Dieser bereits in der Kindheit und Jugend auffallende Hang zur Freigebigkeit blieb dem König das ganze Leben lang erhalten. Für ihn galt die Devise:

„Leg Deine Seele in Geschenke,
dass man in Liebe an Dich denke.
Ist bei Armen die Gabe klein,
bei Königen muss sie fürstlich sein.“

Königliche Wohltätigkeit aus herrscherlicher Gnade

Der königliche Postillion Max Maier, der bis 1885 im Reit- und Fahrdienst Ludwigs II. stand, betonte: „Niemals hätte Ludwig II. auch nur den kleinsten Dienst angenommen, ohne diesen königlich zu belohnen. Dabei habe ich niemals das Gefühl gehabt, dass der König seine Mitmenschen deshalb beschenkt, um sich beliebt zu machen. Nein, er gab, weil er Freude machen wollte, weil er nicht der Beschenkte sein wollte, sondern sich an der Freude anderer erfreuen konnte [...] Seine Augen hatten jenen eigenartigen Glanz, wenn er die Beglückung und Freude der Beschenkten in deren Gesichtern lesen konnte."

Bisweilen überraschte der König einen seiner Diener zum Geburtstag, wie folgender Bericht eines Lakaien bezeugt.

„In die Zeit des Aufenthaltes in Hohenschwangau fiel mein Geburtstag. Ich dachte nicht daran. An diesem Tag wurde ich unter der Zeit zu Majestät gerufen. Majestät stand vor einem mit Blumen geschmückten Tisch, auf welchem ein Kuchen im Durchmesser von einem halben Meter, eine Mayonnaise mit zwei Hechten, 2 Flaschen Wein, 2 Kisten Zigarren und noch anderes sich befanden. Der Kuchen wurde eigens in München angefertigt. Majestät sagte: ‚So, lieber Kleiner, ich wünsche dir viel Glück zu deinem Geburtstag, behalte mich stets im Andenken, die Sachen gehören dir.' Ich war ganz baff, konnte kein Wort sagen und musste meinen Dank schriftlich darbringen."

Ludwig II. ließ auch gerne Damen seiner Bekanntschaft riesige Blumenbuketts überreichen. Dazu äußert der österreichische Diplomat Graf Trauttmansdorff im Februar 1868 in einem Gesandtschaftsbericht:

„Eine andere Manie sind gegenwärtig auch Blumenbouquets; er umgibt sich mit Massen derselben und schickt solche zahllos an ältere und jüngere ihm bekannte oder auch unbekannte Damen aus der Gesellschaft und vom Theater. Die Leistungsfähigkeit der königlichen Gärten gilt bereits als vollkommen erschöpft. Das Geschenkemachen überhaupt ist auch bei Seiner Majestät zur Manie geworden […]“

„A guats Herz für die armen Teufln!“

Viele Berichte von Dienern, Holzfällern, Bergbauern und armen Familien erzählen von der Herzensgüte und Freigiebigkeit des Königs, der besonders gerne einfache und arme Menschen mit einem wertvollen Schmuckstück, einem goldenen Ring oder einer kostbaren Uhr beglückte oder ihnen mit ansehnlichen Geldbeträgen unter die Arme griff.

„Unterwegs auf seinen Ausflugsfahrten spendete Ludwig II. offenbar oft so großzügig Almosen an Bedürftige, dass den begleitenden Lakaien manchmal das mitgeführte Geld auszugehen drohte“, konstatiert Franz Merta. „So muss der Lakai Hornig am 26. August 1877 vom Schachen aus den Hofsekretär von Düfflipp um Nachschub bitten: ‚Seine Majestät haben gestern so viel verschenkt, dass meine Kasse völlig erschöpft ist. Ich erlaube mir daher, Ihnen eine Quittung von 2000 Mark zu übersenden.‘“

Wie locker die Geldbörse in Ludwigs Tasche saß, berichtet Chevauleger Thomas Osterauer, der den König bei einem der nächtlichen Ausflüge über die Tiroler Grenze begleitete: „Wir kamen zum Kniepass (½ 4 Uhr). Kaum war Majestät ausgestiegen, wurde er von drei Arbeitern begrüßt.

‚Guat Morgn, Kini vo Boarn, bischt a scho auf da Höch?‘

Der König sagte: ‚Grüß euch Gott, wohin schon so früh?‘

Da sagten sie: ‚Woascht wohl, gen Berg, Holzarbatn, woascht, so schön ham mas it wia du.‘ Der König sagte: ‚Ja, jeder Stand hat seine Plage. – Gib ihnen 300 Mark, sie sollen auch was von mir haben!

Nun ging’s los: ‚Herr, vergelt’s Gott, Kini vo Boarn, sollst lebn drei Johr noch da Ewikeit a no. Du bischt do da bescht Mensch auf da Welt, du hoscht hoit a guats Herz für ins arme Teufln.‘“

Ein anderer Bericht über die Begegnung eines Hüterbuben mit dem König stammt von Luise von Kobell:

Ludwig II. liebte Darstellungen des Jesuskindes in der Krippe.

„Woaßt net, wie viel Uhr 's is'? I soll meini Kuah hoamtreibn", fragte eines Abends im Graswangtal ein Hüterbub den ihm begegnenden König, ohne ihn zu kennen.

„Hast du denn keine Uhr?"

„Wie werd i denn an Uhr habn!"

Da gab ihm der König lächelnd Bescheid und schickte tags darauf dem freudig Überraschten eine silberne Uhr.

Freigebigkeit bis zum Tod

Noch in den letzten Lebenstagen zeigte Ludwig seine große Freigebigkeit. So berichtete der Kammerdiener Adolf Rudolph, der bis zum 10. Juni 1886 in Diensten des Königs stand: „Als ich vom König Abschied nahm, waren seine letzten Worte: ‚Auch du, Rudolf, verlässt mich. Nimm zehn Flaschen guten Wein für deinen kranken Vater.'"

Und kurz bevor der König von der Fangkommission von Schloss Neuschwanstein abgeholt wurde, ließ er gegen Mitternacht des 11. Juni 1886 seinen Chevauleger, den 24-jährigen Alfons Weber, zu sich in sein Arbeitszimmer kommen. Der junge Mann hatte bei Ludwig den Vorzimmerdienst. Der König nahm aus dem Schreibtisch 1200 Goldmark und reichte sie ihm mit den Worten: „Hier hast du mein letztes, du hast es verdient, du warst mein Getreuester. Nimm es nur, ich brauche kein Geld mehr." Weber begann zu weinen. Ludwig schenkte ihm auch noch eine seiner diamantenen Hutagraffen: „Nimm diese Agraffe und diesen Schuldschein. Sollte man dich zwingen, die Diamanten auszuliefern, so wird dir mein Dokument einen Schadenersatz von 25 Tausend Mark sichern!" Danach reichte er Weber ein kleines, viel benütztes Gebetbuch. „Bete für mich!", sagte Ludwig. Es waren die Sterbegebete aufgeschlagen.

Ludwig II. behauptete einmal, seine Hauptlebensfreude sei das Bauen. Wer ihm dies untersage, der nähme ihm das Leben. Es ist nicht zu weit hergeholt, zu behaupten, dass eine weitere Hauptlebensfreude für ihn auch das Schenken war. Auch diese Freude wurde ihm genommen, als er in Schloss Berg interniert wurde.

Es verwundert daher nicht, dass insbesondere Weihnachten, das Fest des Schenkens, für Ludwig II. einen besonders hohen Stellenwert im Lauf des Jahres hatte. Nach seinem Tod widmete ihm der Schriftsteller Fritz von Ostini zu Recht folgende Zeilen:

Er war ein König! König jeder Zoll;
Schön, stolz und frei und aller Hoheit voll
Und gebefroh und gütig wie ein Kind,
Und märchengläubig, wie die Kinder sind!
Und glücklich machen wollt' er immerdar,
Der selber doch so wenig glücklich war! [...]

Vom großen Glück, andere glücklich zu machen

Es gibt ein wunderbares Gedicht des Dichters Joachim Ringelnatz mit dem Titel „Schenken“, das genau die Geisteshaltung Ludwigs II. zum Ausdruck bringt, dem es so viel bedeutete, andere spontan mit Geschenken zu überraschen und sie glücklich zu machen.

Schenken (Joachim Ringelnatz)

Schenke groß oder klein,
Aber immer gediegen.
Wenn die Bedachten
Die Gaben wiegen,
Sei dein Gewissen rein.

Schenke herzlich und frei.
Schenke dabei,
Was in dir wohnt
An Meinung, Geschmack und Humor,
Sodass die eigene Freude zuvor
Dich reichlich belohnt.

Schenke mit Geist ohne List.
Sei eingedenk,
Dass dein Geschenk
Du selber bist.

Was Ludwig II. noch nicht kannte

„Wie ich doch mit Leib und Seele ein Kind meines Landes, ein Bayer bin! Ich hänge an seinen Gebräuchen, seinen Sitten mit zäher Anhänglichkeit. Gestern hat der Advent angefangen; die ‚Anroller', die ‚Gebnächte'. Noch kann ich es nachfühlen, mit welchem Herzklopfen ich mich als Kind an diesen Abenden zu Bette legte und wie ich mir vornahm, die ganze Nacht zu wachen, um den Knecht Ruprecht oder die Frau Berchta bei Spendung ihrer Gaben zu überraschen. Der süße, feste Kinderschlaf ließ es nie dazu kommen und so blieb der wunderbare Vorgang dicht mit dem Schleier des Geheimnisses umhüllt; bis die ‚Berchtfrau' und der heilige Nikla, Ruprechts Abgesandter, am Nikla-Abend leibhaftig erschienen und wir in freudeschauender Andacht unsere Gebetchen sprachen." Diese

Ludwig II. als junger König

Worte werden allerdings nur in der Erzählung „Alpenrosen und Gentianen“ von Joseph Bajovar König Ludwig II. in den Mund gelegt. Auch wenn Ludwig II. einige heute bekannte weihnachtliche Gepflogenheiten noch nicht kannte, das kindliche Herzklopfen an den Weihnachtstagen blieb ihm zeitlebens erhalten.

Der Nikolausabend

Das Nikolausbrauchtum kannten Ludwig und sein Bruder Otto mit Sicherheit, ob sie in ihrer Kindheit aber wirklich regelmäßig vom Nikolaus überrascht wurden, davon berichtet der Kronprinz in den Briefen an seine Lieblingserzieherin Frau von Leonrod jedenfalls nichts. Gleichwohl war der Nikolaustag und nicht der Heilige Abend jahrhundertelang der eigentliche Geschenktag. Schon seit Herzog Albrecht V. lässt sich am Münchner Hof die Sitte nachweisen, zu Nikolaus Kinder, aber auch Erwachsene zu beschenken. Die Mädchen erhielten unter anderem Puppen und Puppenküchen, die Jungen geschnitzte Pferdchen aus Holz und Zuckergebäck. Bedienstete bekamen sogenannte Nikolausgelder. Mit der Zeit übernahmen neben dem Adel auch die Bürger diesen Brauch zu Nikolaus.

Bekannt ist, dass 1881 der Nikolaus zu den Kindern König Ludwigs III. kam und sie mit kleinen Gaben, Äpfeln, Nüssen und Lebkuchen überraschte. Während sich die 7-jährige Wiltrud und die 5-jährige Helmtrud nicht ängstigten, klapperten der neunjährigen Prinzessin Hildegard vor Angst die Zähne und sie bekam starkes Nasenbluten. Der Krampus, gespielt von Baronin Wulfen, verpasste der Prinzessin sogar Rutenstreiche. Allerdings galt der Streich mit der Rute nach altem Brauch auch als Segensbringer.

Das Doppel-L Ludwigs II.

Der Adventskranz

An Weihnachten zur Zeit Ludwigs II. waren viele Bräuche noch nicht bekannt, da sie entweder gerade erst eingeführt oder aber erst nach Ludwigs Tod erfunden wurden. So entstand der erste Adventskranz 1839 im evangelischen „Rauhen Haus" in Hamburg. Der Theologe Johann Heinrich Wichern hatte die Idee dazu und der Greifswalder Bootsbaumeister Robert Schneider befestigte auf einem Wagenrad so viele Kerzen, wie es Tage vom ersten Advent bis zum Heiligen Abend waren. Das waren damals 23 Tage, also kamen 23 Kerzen auf den Reif, 19 kleine rote und vier dicke weiße. Jeden Tag wurde eine neue Kerze angezündet – eine kleine für die Werktage, eine große für die Advents-Sonntage. Die Kinder wussten dadurch immer, wie viele Tage es noch bis Weihnachten waren.

Um 1860 wurde der Kranz dann auch mit Tannengrün geschmückt und verbreitete sich in ganz Norddeutschland. Aber erst ab etwa 1920 drang der Brauch auch in andere Teile Deutschlands vor. Der erste Adventskranz in München wurde 1932 in der katholischen St. Sylvester-Kirche in Schwabing gesichtet. Bis der Adventskranz von Hamburg nach Bayern und München kam, dauerte es also fast 100 Jahre. König Ludwig II. kannte den Adventskranz demnach nicht.

Der Adventskalender

Nicht anders war es mit dem ersten selbst gebastelten Adventskalender, der vermutlich 1851 entstand. Auch er kam aus dem protestantischen Umfeld im Norden Deutschlands. Entweder hängte man 24 Bilder an die Wand oder malte 24 Kreidestriche an die Tür, wobei die Kinder täglich einen Strich wegwischen durften. Auch Strohhalme wurden bis Heiligabend in eine Krippe gelegt, für jeden Tag einen. 1902 veröffentlichte eine evangelische Buchhandlung in Hamburg den ersten gedruckten Kalender in Form einer Weihnachtsuhr für Kinder und erst 1903 brachte der Münchner Verleger Gerhard Land einen gedruckten Kalender mit dem Titel „Im Lande des Christkinds" auf den Markt. Da war Ludwig II. aber bereits seit 17 Jahren tot. Dieser erste bayerische Adventskalender bestand aus einem Bogen mit 24 Bildern zum Ausschneiden und einem Bogen mit 24 Feldern zum Aufkleben. Jeden Tag in der Adventszeit durften die Kinder ein Bild ausschneiden und in ein Feld kleben.

Nürnberger Sternsinger, Kupferstich von 1803

Das Dreikönigssingen

Auch vom Dreikönigssingen in der Residenz berichtet Ludwig II. nichts, obwohl dieser Brauch ebenfalls eine jahrhundertelange Tradition aufweisen kann. Allerdings wurde in den ersten Jahrzehnten des 19. Jahrhunderts die Sternsängerei von der Polizei streng verboten, da dieser Brauch in eine ganz gewöhnliche Bettelei auszuarten drohte. Nur im Altbayerischen Hügelland, wo die Behörden weniger streng waren und der Hang zur Wahrung alter Bräuche intensiver war, bestand der Brauch weiterhin fort. Im Hause des künftigen Prinzregenten Luitpold wurde am 6. Januar 1886, also im Todesjahr Ludwigs II., Heilig Drei König gespielt, wie Prinzessin Wiltrud in ihrem Tagebuch notierte: „Hildi war der Mohr. Gunderl der Sternträger. Wir die anderen zwei Könige."

Auch wenn Ludwig II. noch nicht alle heute bekannten Advents- und Weihnachtsbräuche kannte, die Adventszeit und das damit nahende Weihnachtsfest erfüllten ihn von klein auf stets mit großer Freude. Das Besorgen der Geschenke, das Schmücken der Christbäume und das Nahen des Heiligen Abends bedeuteten ihm jedes Jahr aufs Neue eine unbeschreibliche Freude.

Adventszeit in der Münchner Residenz

In den Wochen vor Weihnachten herrschte in der Münchner Residenz alljährlich der Ausnahmezustand. Für die Prinzen Ludwig und Otto war die Adventszeit etwas Besonderes. Sie schrieben nicht nur Wunschzettel ans Christkind, sondern machten sich auch Gedanken, wen es zu beschenken galt und was sie einem jeden schenken konnten. Auf jeden Fall sollten die Gaben persönlich, originell und einmalig sein, aber natürlich auch nützlich, praktisch und passend, gerne auch selbst gemacht, humorvoll und auch kostbar durften sie sein. Das Nachdenken und das Aussuchen von Geschenken nahm jeweils viel Zeit in Anspruch. Und dann wurden von dem wenigen Taschengeld, das man sich das Jahr über erspart hatte, die Gaben eingekauft.

Ludwig und Otto

Dampfwagenzug durch Dampfkraft beweglich, N°. 2.
Musterbuch der Firma Rock und Graner, um 1875

Ein Wunschzettel des Kronprinzen

Wie jedes andere Kind schrieb auch der kleine Ludwig einen Wunschzettel. In einem davon lässt sich nicht nur seine Kreativität, sondern auch sein Interesse an religiösen Themen erkennen. Davon berichtet Marie Schultze: „Er wünscht sich neben einem Messer mit vielen Klingen und einer Pulvertasche Bilder aus der Allerheiligen Kirche, neben dem Modell einer Lokomotive mit Dampfbetrieb und Bremswagen ein Gebetbuch: ‚Die Blüten der Andacht', in Elfenbein gebunden mit blausamtenem Rücken und einem Kreuz von Lapislazuli auf dem Deckel, neben einem Linienschiff nebst Kajüte ‚ungefähr 3 Schuh 2 Zoll lang', ein Bild von Jesus auf dem Ölberg, Tassen mit Ansichten der Frauenkirche, Hohenschwangaus, Berchtesgadens u. a. Bilder des Kampfes des Schwanenritters und von dessen Hochzeitszug usw. usw. Bescheiden fügt er bei: ‚Wenn es nicht zu viel ist' oder ‚wenn es möglich ist.'"

Kommissionen machen

Kommissionen machen, das heißt Geschenke für Weihnachten zu besorgen, das begann im Königshaus bereits Anfang Dezember. So schrieb der 16-jährige Ludwig am Sonntag, den 1. Dezember 1861 in einem Brief an Prinz Wilhelm von Hessen-Darmstadt: „Morgen will die Mutter anfangen für Weihnachten einzukaufen." Ludwig und Otto durften dabei ihre Mutter begleiten, sodass auch sie sich um die Gaben kümmern konnten, die sie verschenken wollten. „Für Otto habe ich schon ein Album", schrieb Ludwig, „worauf mit goldener Schrift steht: ‚Für Hohenschwangau und Berchtesgaden', an den Ecken sind blumenartige Verzierungen, auch habe ich bereits ein kleines Albumblatt für ihn, welches einen Hund vorstellt, der einem Fasanen nachläuft."

Und eine Woche später hat er schon weitere Besorgungen getätigt, wie er am 8. Dezember schreibt. „Wir freuen uns schon sehr auf Weihnachten, Ihr wohl auch? Für Otto habe ich jetzt wieder Einiges, ein violettes Photographienalbum, ein Jugendalbum, nämlich ein Buch mit Jugendschriften, das so heißt, eine kleine Kanone an d. Uhr zu hängen ganz genau wie eine große u. eine Papetrie, auf deren Papiere er, wie ich denke, wohl später schreiben wird."

Und abermals eine Woche später, am 15. 12., verrät er: „Für Otto habe ich jetzt zu Weihnachten die Oper ‚Teufels Antheil' zum spielen. Die Mutter geht sehr viel in Läden, wir werden, denke ich, nächste Woche mit ihr auch viel in Läden gehen. Wir hätten wahrscheinlich schon früher angefangen, wenn es mein heiserer Hals erlaubt hätte."

Besuch in Konditoreien

Eine alte Hofsitte war es auch, einige Tage vor Weihnachten abends eine Rundfahrt zu einer Anzahl von Konditoreien zu machen. „Wir gehen jetzt viel mit der Mutter in Läden, auch zu vielen Conditors", schrieb Ludwig am 22. Dezem-

Lebküchler, Neuer Orbis pictus für die Jugend, 1835

ber 1862. „Vorgestern Abend waren auch Tante Amelie u. die Vettern dabei, sowie Arnulph u. Thereschen, wir fuhren in 3 Wagen [...] es war sehr amüsant. Morgen fahren wir wieder Abends dießmal mit beiden Eltern, wahrscheinlich auch Onkel Otto u. Tante Amelie zu Conditors." Bei diesen Ausfahrten wurden die ausgestellten Köstlichkeiten bewundert und Einkäufe für den Weihnachtstisch gemacht. Auch andere größere Kaufgeschäfte wurden besucht. Die Zuckerbäckergeschäfte empfingen die Prinzen und Prinzessinnen bereits mit Flambeaus [eine Art Kerzenleuchter].

Besichtigung möglicher Gaben im Schloss

Natürlich ließen sich auch Geschäftsleute gerne ins Schloss bitten, um ihr Angebot der königlichen Familie zu offerieren, wie Ludwig am 8. Dezember 1861 an Prinz Wilhelm von Hessen-Darmstadt schrieb: „Neulich waren vom Juwelier Mark unter Anderem auch ein Armband, Brosche u.

Ohrringe u. ein Medaillon zum Ansehen da, worauf gerade solche pensier waren, wie wir v. d. Landesältern auf Knöpfen bekamen. Die Mutter will sie sich zu Weihnachten schenken lassen."

Aber auch anderes traf im Schloss ein, wie Ludwig notierte: „Eben sind sehr viele Photographien von verschiedenen Läden zum Aussuchen da. Wir wollen uns gegenseitig welche zu Weihnachten aussuchen." Natürlich denkt Ludwig dabei auch an seine Erzieher, die es zu beschenken gilt: „Dem Grafen werde ich wahrscheinlich eine hellgrüne Lampe zu Weihnachten schenken, sie hat eine hübsche Farbe. Hauptmann Orff geben wir eine goldene Nadel und Knöpfe mit kleinen Saphiren."

Weihnachtliches Malheur

Die Schwiegertochter eines Münchner Juweliers, Elisabeth H., berichtet eine amüsante Episode, die ihr der Schwiegervater mehrfach erzählt hatte. Sie ereignete sich nach 1877, als der König Weihnachten bereits in Hohenschwangau feierte.

„Wieder einmal hatte ich Schmuck nach Hohenschwangau zu liefern. Es war einige Tage vor Weihnachten. Von einem königlichen Diener wurde ich in das mir bereits vertraut gewordene Billardzimmer geführt. Dort waren auf dem großen Tisch schon die verschiedensten Geschenke für des Königs Verwandte und Bekannte aufgetürmt und warteten auf die von mir mitgebrachten Schmuckgegenstände. Ich begann meine Kostbarkeiten hastig auszulegen, denn der Kammerdiener hatte mir vorher schon befohlen, meine Arbeit schnellstens auszuführen, da der König sehr bald zurückerwartet werde und er niemand in seinem Zimmer zu sehen wünsche.

Zu meinem Entsetzen hörte ich jedoch alsbald die Schritte des Königs. In einer meine Gedanken völlig lähmenden Angst – ich war damals etwa 27 Jahre – kam mir die unglücklichste Idee meines Lebens: ich versteckte mich unter dem Billardtisch und glaubte mich durch die weit herabhängende Tischdecke vor der Entdeckung sicher.

Ludwig trat an den Tisch, betrachtete eingehendst jedes Geschenk und begann den Tisch nach seinem Geschmack zu ordnen. Plötzlich, nachdem ich schon eine geraume Zeit in der etwas stickigen Luft verbracht hatte, wurde ich von einem quälenden Hustenreiz überfallen, der sich schließlich nicht mehr unterdrücken ließ. Erschrocken fuhr der König zurück und schrie in den scheinbar leeren Raum, ob jemand anwesend sei. Zitternd kam ich aus meiner Zufluchtsstätte hervorgekrochen, versuchte dem König meine ungewöhnliche Anwesenheit zu erklären und bat um Verzeihung. Der anfängliche Zorn des Königs wich einem Schmunzeln und er entgegnete: ‚Na, ist schon gut. Sie haben hier unten genug ausstehen müssen. Gehen Sie!'"

Gemeinsames Kochen als Hauptweihnachtsspaß

„An einem Weihnachten", schreibt Gottfried von Böhm, „kamen die beiden Prinzen [Ludwig und Otto] in das königliche Max-Joseph-Stift, um mit den dortigen Kindern zu kochen, was immer der Hauptweihnachtsspaß war. Die Beiden unterhielten sich mit all den Reibeisen,

Schachtel Küchengeräthe, NO. 3. Musterbuch der Firma Rock und Graner, um 1875

Küche, N°. 8. Musterbuch der Firma Rock und Graner, um 1875

Mörsern und Modeln der Puppenküchen so vortrefflich [...]". Dabei wurde stets viel gelacht und Unsinn gemacht. Auch sonst stand dem Kronprinzen Ludwig neben seinem Bruder Otto eine Schar von Kindern zur Verfügung, die mit ihm spielen durften. Die oft gehörte Behauptung, Ludwig hätte ebenso wie sein Bruder Otto in der Kindheit keinen Umgang mit Spielkameraden gehabt, lässt sich nicht aufrechterhalten. Erst mit zunehmendem Alter des Kronprinzen reduzierte sich der Umgang mit Spielkameraden etwas, aber zu dieser Zeit zog es Ludwig in eigener Entscheidung vor, „sich mit sich selbst zu unterhalten".

Die Tugend der Sparsamkeit

Wer glaubt, dass Ludwig und sein Bruder Otto als Königskinder viel Taschengeld bekommen hätten, der irrt. Gerade jemand, der später einmal über viel Geld verfügen würde, der sollte von klein auf lernen, mit wenig auszukommen.

Doch oft bewirkte diese Erziehung zu übertriebener Sparsamkeit genau das Gegenteil. Da diese Kinder nämlich nicht lernten, mit Geld angemessen umzugehen, gaben sie es im Erwachsenenalter, wenn ihnen plötzlich große Summen zur Verfügung standen, mit vollen Händen aus.

Das erste Taschengeld, etwa einen halben Gulden im Monat, erhielt Ludwig zu Beginn seiner Schulzeit. Mit zehn Jahren – ab dem 1. April 1856 – standen ihm monatlich dann 12 Gulden zur Verfügung. Ab Juni 1860, also mit knapp 15 Jahren, bekam er 25 Gulden. Eine Theaterkarte kostete damals etwa zwei bis drei Gulden. Theaterbesuche zählten zu den Vergnügungen, die er besonders schätzte und die er sich so oft wie möglich leistete.

Im Alter von 17 Jahren wurde Ludwigs Taschengeld abermals erhöht, und zwar gleich verdoppelt. Das verdankte Ludwig seinem Bruder Otto, der sich von einem Zahnarzt spontan zwei gesunde Backenzähne ziehen lassen wollte, da er gehört hatte, dass man für einen Zahn zehn Gulden erhalten würde. Er wollte auf diese Weise sein ebenfalls geringes monatliches Budget aufstocken. Als der Vater davon hörte, bekam Otto eine Tracht Prügel. Doch die Mutter setzte sich daraufhin erfolgreich für eine Taschengelderhöhung ein.

Wofür gab Ludwig sein Taschengeld aus?

Einen Teil seines Taschengeldes verwendete Kronprinz Ludwig jeden Monat für Almosen aller Art. Dazu wurden die adeligen Kinder damals ausdrücklich angehalten. Und so spendete er etwa für bedürftige Schulkinder aus Nymphenburg, für einen armen Handwerksburschen oder für eine in Not geratene Witwe.

Den größten Teil seines Taschengeldes gab er Jahr für Jahr aber für Geschenke an Mutter und Vater aus oder für Freunde und Hofangestellte. So erhielt Gräfin Dumoulin eine Tasse, Leopold ein Messer oder Nicolas ein Bild. Vor allem aber beschenkte er seinen Bruder Otto. Der bekam unter anderem Bleisoldaten, Bücher oder ein kleines Schiff, auch ein Taschenmesser, einen Spazierstock oder Fotografien und Bilderbögen. Bisweilen schenkte er ihm auch einfach Geld.

Für sich selbst kaufte Ludwig am liebsten Naschereien wie Bonbons, verzuckerte Orangen, Maikäfer oder Zigarren aus Schokolade nebst Zigarrenspitzen, Fastenbretzeln sowie Mandeln und Haselnüsse in Honig. Diese Vorliebe für Süßigkeiten bescherte ihm später bedauerlicherweise erhebliche Zahnprobleme.

Auch hübsche Dinge leistete sich Ludwig mitunter, so etwa „ein grünes Glas" oder „das Vergolden eines Bilderrähmchens, geschnitzte Häuschen", die er offenbar sammelte, „ein Eichhörnchen von Wachs" oder „Porzellanschwäne", und im Mai 1861 legte er sich einen Kanarienvogel zu. Als Tierliebhaber dachte er darüber hinaus an Brot für Nymphenburger Hirsche, Schwäne und Fische.

Auch nützliche Sachen wie Handschuhe erwarb er für sein Taschengeld. Aber auch Zahlungen für ein zerbrochenes Fenster, eine verlorene Wette oder ein verlorenes Boccia-Spiel – ein Kugelwurf-Spiel – hatte er zu leisten.

Trotz all dieser Ausgaben kam es im Lauf eines Jahres zu einem erklecklichen Geldüberschuss, den er im Dezember dann vollständig für Weihnachtsgeschenke verwendete.

Nach der Volljährigkeit stiegen Ludwigs Ausgaben für Geschenke alleine für seinen Bruder auf 115 Gulden. Als er dann kurze Zeit später König geworden war, bezog sich eine seiner ersten Anordnungen auf das Geld. „Es ist mein Wille", so Ludwig, „dass ab sofort jede übertriebene Sparsamkeit und Knauserei gegen Bedürftige und Bedienstete aufhöre." Und das geschah in der Tat, indem er die Besoldung aller Hofbediensteten erhöhte.

Von Jahr zu Jahr kletterten nun die Ausgaben für Geschenke aller Art immer höher. Nach der 1871 erfolgten Währungsumstellung gab der König nach zuverlässigen Quellen pro Jahr bis zu 300 000 Mark – dies entspricht knapp drei Millionen Euro in heutiger Kaufkraft – allein für Weihnachtsgeschenke aus. Dies waren etwa sieben Prozent seiner jährlichen Einkünfte, die sich auf 4 231 044 Mark beliefen.

Münchner Bilderbogen, um 1866

Ludwig II. liebte Krippen und Christbäume

Weihnachtskrippen entstanden bekanntlich, weil die Menschen die Geburt Jesu bildlich vor Augen haben wollten. Dargestellt ist die Geburt des Jesuskindes, wie sie in den Evangelien von Lukas und Matthäus beschrieben wird. Krippen, die es bereits im 14. Jahrhundert gab, waren anfänglich vor allem in Kirchen zu sehen. In der Münchner Residenz wurde die erste Weihnachtskrippe um 1560/65 aufgestellt. Die erste öffentliche Krippe mit fast lebensgroßen, bekleideten Holzfiguren war wohl jene, die 1607 in der

Weihnachten 1843 – Zwei üppig mit Naschwerk behängte Christbäume auf dem reichen Gabentisch für die fünf Kinder

Münchner Jesuitenkirche St. Michael die Gläubigen anlockte.

Ende des 18. Jahrhunderts zur Zeit der Aufklärung und der damit verbundenen Säkularisation von 1803 galten Krippen in Kirchen und Klöstern plötzlich als Relikte einer von abergläubischen Tendenzen bestimmten und äußerst fragwürdigen Volksfrömmigkeit. Deshalb fielen sie staatlichen, aber auch kirchlichen Verboten zum Opfer. Besonders in Bayern mussten Krippen aus den Kirchen entfernt werden.

Doch schon bald wurde von König Ludwig I., dem Großvater Ludwigs II., ihre Aufstellung wieder erlaubt. Das Verbot führte außerdem dazu, dass Krippen nun verstärkt Einzug in die Bauern- und später auch Bürgerhäusern fanden. Besonders in der bäuerlichen Bevölkerung wuchs das Interesse an der Krippenkunst und man schnitzte die Figuren selbst. Bis Mitte des 19. Jahrhunderts bevorzugte man die heimische Gebirgslandschaft bei Krippendarstellungen. Erst später kam dann auch die orientalische Krippe zunehmend zur Geltung.

Weihnachtskrippen in der Residenz zu München

Auch zur Zeit Ludwigs II. kam es in der Münchner Residenz zur Aufstellung einer Krippe, spielte doch die Geburt Jesu, wie sie in den Evangelien erzählt wird, bei den gläubigen Eltern Ludwigs und ebenso bei ihm und seinem Bruder Otto eine wesentliche Rolle an Weihnachten. In den 1850er-Jahren ging König Max mit seiner Gemahlin und den Kindern Ludwig und Otto sogar zum sogenannten „Krippenschauen“, bei dem man diese Kostbarkeiten bewundern konnte.

Bekannt ist, dass Ludwig II. 1872 extra nach Oberammergau kam, um die große Oberammergauer Kirchenkrippe mit der Hochzeit von Kanaan, dem Königszug und der Weihnachtskrippe zu bewundern. Diese Krippe war von dort ansässigen Schnitzern „aus Frömmigkeit und Gemeinsinn“

Madonna mit Jesuskind im Schlafgemach von Schloss Neuschwanstein, am Kopfende des Bettes

zwischen 1742 bis etwa 1842 für die Oberammergauer Pfarrkirche St. Peter und Paul geschaffen worden. Die letzte große Erweiterung hatte dann um 1860 mit der Szene der Hochzeit von Kanaan stattgefunden. Damit war die Krippe auf etwa 200 Figuren angewachsen und bereits in der Mitte des 19. Jahrhunderts eine bekannte Sehenswürdigkeit geworden, die sich auch Ludwig II. unbedingt ansehen wollte.

Ludwig beschenkt das Christkind

Eine Anekdote, zu finden in Carola von Schirndings „Erinnerungen aus meinen Institutsjahren", berichtet von der Freigebigkeit Ludwigs:

An dem Ende unseres Institutsgartens stand ein reizendes, lauschiges Kapellchen, inmitten alter, ehrwürdiger Bäume, deren dunkles Laubdach eine heilige Dämmerung über das kleine Gotteshaus legte.

An jene Stätte eilten wir, wenn irgendeine Sorge unser junges Herz quälte; dort holten wir uns neuen Eifer, frische Kräfte zur Erfüllung unserer Pflichten; hier gestanden wir dem lieben Gott die kleinen Fehltritte, die wir begangen und gelobten reuigen Herzens Besserung für die Zukunft; aber hier legten wir auch frommen Sinnes die schönsten Blumen unserer kleinen Privatgärtchen zum Preise Gottes nieder. Die Schmückung dieses trauten Kapellchens, das Zeuge all unserer Leiden und Freuden, unserer Bitten und Dankgebete war, gehörte zu den schönsten Stunden unserer freien Zeit.

Nun hatte eine schwer erkrankte Schülerin nach ihrer Genesung ein neues Christuskind gestiftet, da das daselbst befindliche schadhaft geworden war. Als wenige Wochen später uns die Prinzen [Ludwig und Otto] mit ihrem Besuche beglückten, wurden diese die Veränderung sofort gewahr. In großen Sätzen über die Beete springend, rief der heitere, jüngere Prinz seinem älteren Bruder zu:

„Ludwig, komme doch rasch zum Kapellchen und siehe das allerliebste Christuskind, das an Stelle des alten mit der zerschmolzenen Nase gekommen ist!"

Jesuskind

„Otto!“ mahnte Ludwig, einen verweisenden Blick auf den Bruder werfend.

„Nun ja, du weißt doch, dass das glattnasige Kindchen mich einst viel beschäftigte, weil ich gar zu gerne gewusst hätte, ob die heißen Sonnenstrahlen ihm das Näschen geschmolzen oder ein lüsternes Mäuschen es ihm abgezwickt hätte.“

„Du bist unverbesserlich, Otto!“, verwies lachend der Kronprinz seinen überlustigen Bruder.

An dem Kapellchen angekommen, bewunderte nun auch Prinz Ludwig das wirklich künstlerische, schön gearbeitete Jesuskind; indem er uns versicherte, noch nie einen so zarten, beinahe durchsichtigen Körper gesehen zu haben, als jenen dieses kleinen Figürchens.

„Es tut einem beinahe leid, dass es auf raues Heu gebettet ist“, sagte er, „man vermeint, die Spuren des harten Lagers an dem Körperchen zu sehen, findest du nicht auch, Ludwig?“

„Dem können wir ja abhelfen“, erwiderte der Kronprinz. Sein Haupt entblößend trat er ehrfurchtsvoll an das Krippelein heran, hob behutsam die kleine Christusfigur in die Höhe und legte sein seidenes Taschentuch auf das Heu. „Das Tuch ist ganz neu“, fügte er wie entschuldigend bei, indem er das Jesuskindlein sorgsam darauflegte, und dann ein kurzes Gebet verrichtete.

„Gib acht, Ludwig, da gibts zu Hause einen Brummer, wenn das Tuch fehlt“, flüsterte schalkhaft Prinz Otto.

„Gewiss nicht, Otto, gezankt wird nur, wenn wir aus Unordnung etwas verlieren. Dies Tuch dient aber jetzt einem höheren Herrn als mir, und ich darf mich glücklich schätzen, dass ich es ihm weihen durfte.“

„Du wirst einst ein guter König sein, denn du bist viel frömmer als ich“, sagte Otto.

„Wenn ich einst König bin, will ich meinem Volke ein Vorbild sein in Gottesfurcht und treuem Glauben, denn das Volk, das fest zu seinem Gotte hält, steht auch treu zu seinem Fürsten.“

Bayerns „Christbaum-Königinnen“ Karoline und Therese

Der erste bayerische Christbaum stand nachweislich in der Münchner Residenz. Es war Ludwigs Urgroßmutter, die protestantische Königin Karoline, zweite Ehefrau von König Max I., der die Bayern den Christbaumbrauch verdanken. Im Dezember 1809 ließ sie im Hof der Residenz erstmals einen Baum aufstellen und vom königlichen „Hofconfectmeister“ Carl August Bolagnio schmücken, der fortan „königlicher Christbaum-Aufsteller“ wurde. Von der katholischen Kirche wurde dieser evangelische Brauch allerdings zunächst vehement als heidnisches Symbol abgelehnt. „Die meisten Münchner hatten in ihrem Leben keine Protestanten gesehen. Darum war die Furcht vor diesen gefährlichen Ketzern wohl begreiflich“, so schrieb Karolines Hofgeistlicher Ludwig Schmid. Doch König Max I. hatte die feste Absicht, mit einer „protestantischen Frau im katholischen Bayern die Toleranz einzuführen“, wie er ihrer Mutter versicherte. Karoline, bei der Hochzeit 23 Jahre jung, nahm den Christbaum als schöne Jugenderinnerung aus Baden mit nach Bayern. Angeblich schmück-

Königin Karoline v. Bayern

Königin Therese v. Bayern

Ludwig II. im Georgi-Ritter-Ornat

te sie ihre Zimmer in Schloss Nymphenburg insgeheim schon an Weihnachten 1799 mit Christbäumen. Mit der ersten Aufstellung eines Christbaums 1809 im Hof der Residenz demonstrierte sie dann öffentlich evangelische Frömmigkeit. Trotz ihres „ketzerischen“ Glaubens war Karoline wegen ihrer sozialen Einstellung im Volk bald sehr beliebt. „Geht dir die Not bis obenhin – gehst du zu der Karolin!“, so lautete ein populärer Spruch. Im Jahr der ersten Christbaum-Aufstellung 1809 wurde der Platz zwischen Briennerstraße und Königsplatz nach ihr Karolinenplatz benannt, womit die „Christbaum-Königin“ ein bleibendes Denkmal erhielt.

Auch Therese, die 1810 Kronprinz Ludwig, den Sohn von König Max I. heiratete – bei dieser Hochzeit entstand übrigens auch das Münchner Oktoberfest –, pflegte den Christbaumbrauch weiter. Sicher ist, dass 1830, also 15 Jahre vor der Geburt Ludwigs II., mit Königin Therese der Christbaum sich dann endgültig in München etablierte.

Ludwig II., einer der Väter des Christbaums in Bayern

Sicher war König Ludwig II. stolz, dass der Brauch, in Bayern einen Christbaum aufzustellen, unmittelbar auf seine Urgroßmutter Karoline und seine Großmutter Therese zurückzuführen war. Und so verwundert es nicht, dass auch er ein großer Christbaum-Fan wurde. 1870 forderte er in einem Schreiben an seinen Hofsekretär für das Bescherungszimmer in seinem neu eingerichteten Appartement in der Münchner Residenz gleich einen ganzen Wald von Christbäumen. „Der Eindruck den ein auf angegebene Art decoriertes Zimmer machen müsste", so der Wortlaut, „wäre ein freier Platz in einem mit vielen Weihnachtslichtern erleuchteten Walde." Da Ludwig II. dem Christbaum also zur größeren Verbreitung in Bayern verhalf, darf auch er als einer der Paten des bayerischen Christbaums gelten.

Er schätzte dieses weihnachtliche Symbol als ein Zeichen der Hoffnung auf neues Leben in der dunklen, kalten Winterzeit. Das Grün des Tannenbaums, dazu das Licht der Kerzen symbolisierte auch für ihn jene Lebenskraft, die in wintergrünen Gewächsen steckt. Dazu gehören neben der Tanne, je nach landschaftlicher Gegebenheit, übrigens auch Eibe, Stechpalme, Wacholder, Mistel, Buchs oder Fichte. Sie alle wurden als Leben spendende Symbole geschätzt. So wie der Geburt des Heilands Heilkraft entströmt, so sprach man diese Wirkung auch dem Christbaum zu. Man glaubte gleichsam, sich mit dem Tannenbaum Gesundheit ins Haus zu holen.

„Den ersten bildlichen Nachweis, dass man zu Anfang des 19. Jahrhunderts auch in München den Christbaum gekannt hat, liefert übrigens ein kleines Flachdiorama, eines von zwölfen", so berichtet der Brauchtumsforscher Paul Ernst Rattelmüller. „Es sind köstliche kleine Kunstwerke aus Tragant und Stoff, aus künstlichen Blumen, Papiermache und Karton. Eines dieser Monatsbilder trägt die Jahreszahl 1816: Da sieht man auf dem Dezemberdiorama in die Residenzstraße hinein, dem Schwabinger Tor zu; rechts der Westflügel der Residenz, vor dem Hartschiere ihre Wachrunde machen. Die Straße ist verschneit, ein pferdebespannter Schlitten fährt dem Schwabinger Tor zu, ein schwarzes Hundl jagt hinterdrein. Links räumt ein pflichtbewusster Hausl mit dem Besen den Schnee vom Bürgersteig. Im Vordergrund rechts steht die Bude eines Christkindlmarktes, behängt mit Kinderspielzeug, mit

Steckenpferden, Trommel und Geige, Säbel und Gewehr; vorne sind eine Nikolausfigur und ein Zwetschgenmandl zum Verkauf angeboten. Und links daneben steht ein Bub mit einer großen, runden, hölzernen Scheibe auf dem Kopf, von der Größe einer Schießscheibe. Sie ist von einem niederen Gitter eingefasst; in der Mitte aufgesteckt ein Christbaum, mit Äpfeln und Birnen behängt, von einem Stern gekrönt, und unter diesem Baum steht eine kleine Krippe."

Jeder bekommt einen eigenen Christbaum

Vom Weihnachtsfest im Jahr 1861 erzählt Kronprinz Ludwig: „Am 24. putzten wir unsere Bäume für die armen Kinder fertig, was wir den Abend zuvor begonnen hatten. Den ganzen Tag ordneten wir unsere Sachen und Bäume, die wir uns gegenseitig gaben. Um halb sieben wurden wir wie immer im goldenen Thronzimmer der Mutter beschert."

Weihnachten selbst war dann ein großes Fest mit allen Familienmitgliedern. Bei der königlichen Familie war es

Weihnachtsfeier zur Zeit Ludwigs II. in der Wiener Hofburg: Kaiser Franz Josef I., Kaiserin Elisabeth, Kronprinz Rudolf. – In reichen Häusern fand jedes Familienmitglied seine Gaben unter einem eigenen Baum vor.

Sitte, nicht nur einen Christbaum aufzustellen, sondern für jeden Prinzen und jede Prinzessin einen eigenen. Prinz Leopold erinnert sich: „Auf jedem der vier Ecken [des festlich eingedeckten Billardtisches] stand für jedes von uns Kindern ein eigener Christbaum, darunter die Geschenke, die uns stets so hoch erfreuten. An kleinen Tischen fand die Bescherung der Herren und Damen des Hauses statt. In den angrenzenden Zimmern bescherte uns dann Großvater [Ludwig I.], und die Onkeln und Tanten sich gegenseitig und uns Kinder."

Christbäume, die Stammbäume der Poesie

In seinem 1847 erschienenen „Buch der Kindheit" betont der Schriftsteller Bogumil Goltz, dass „der Tannenbaum mit den brennenden Lichtern, mit dem funkelnden Knistergold und kostbar schimmernden Gold- und Silberschaum keinem fehlen durfte, der einmal des Glückes Werth erachtet war, an dem heiligen Weihnachtsabende alle sieben Himmel der Natur und Kunstwunder, der Märchenhelden gleich zu durchkosten." Dieser immergrüne Tannenbaum ist für Goltz Symbol des wahren, höheren Lebens schlechthin, denn „wehe dem Menschen, der keinen Tannenbaum konservirt [im Gedächtnis bewahrt], vielleicht nicht mal einen Weihnachtsbaum in der Kinderzeit gehabt hat! Solche Bäume sind die echten Stammbäume der Poesie und ihrer Wonnen, die bis in den Himmel hinauf gipfeln, und wer sie nicht aufzeigen kann in seinem Lebensgarten und zeitlichen Paradies, den hat die Poesie und die Freude nimmer geadelt, dem grünet und blühet nimmer der Lebensbaum."

„Wenn nach einer herzklopfenden Erwartung endlich die Tür des Weihnachtszimmers aufging und der Duft und Glanz des mit goldenen Nüssen behangenen Baums uns entgegenströmte", so schwärmt die Schriftstellerin Isolde Kurz, „dann war mit dem ersten seligen Aufatmen auch der Höhe-

Heiligabend 1849

punkt des Glückes überschritten. ... Das Schönste an dem Feste war jedesmal der letzte Augenblick der Erwartung."

Die Vorfreude, die Erwartung des Christkinds – wie sah es wohl aus –, die Vorfreude auf den Christbaum, auf die Geschenke regten die kindliche Fantasie in unermesslicher Weise an. Es ist daher sicher nicht zu weit hergeholt, anzunehmen, dass auch für Ludwig II. von Kindheit an die Zeit der Erwartung, insbesondere aber der Zauber der Christbäume „Symbole des wahren, höheren Lebens schlechthin" waren und für ihn daher zu „Stammbäumen der Poesie" wurden, einer Poesie, die mit Sicherheit in seine Träume und damit in seine märchenhaften Schlossbauten einfloss.

Königliche Bescherung

Über Weihnachten in der Münchner Residenz zur Mitte des 19. Jahrhunderts informiert ein Tagbucheintrag von König Ludwig I., dem Großvater Ludwigs II. Die Bescherung hielt Ludwig I. für Kinder und Enkel im „Weißen Saal“ der Residenz ab. Zu bewundern gab es „neun Christbäume, auch für den kleinen Otto“, der aber in Nymphenburg geblieben war. Zu später Stunde begab man sich dann „en grand cortege“ zur Mitternachtsmette. Der Brauch, für jedes Kind oder sogar jeden Familienangehörigen einen eigenen Christbaum aufzustellen, war Mitte des 19. Jahrhunderts auch schon in Bürgerhäusern üblich. Auch Ludwig und sein Bruder Otto schmückten jeweils einen Christbaum, den sie sich gegenseitig schenkten. Dazu bekamen sie auch von den Eltern je einen Christbaum, sodass jeder also stolzer Besitzer von mindestens zwei Christbäumen war. Sie wurden auf verschiedenen Tischen aufgestellt und unter jedem Baum lagen dann die Geschenke, die das Christkind gebracht hatte.

Wie verlief der Heilige Abend bei den Königskindern in der Residenz

Darüber berichtet Kronprinz Ludwig am 31. Dezember 1861 seinem Vetter Prinz Wilhelm von Hessen-Darmstadt: „Am 24. putzten wir unsere Bäume für die armen Kinder fertig, was wir den Abend zuvor begonnen hatten. Die Sachen v. Deiner Mama, die mich erfreuten, erhielten wir bei d. Mutter.

Bei ihr bescherten wir d. Kinder um ½ 11 Uhr, sie bescherte um diese Zeit herum auch Andere noch. Otto ritt diesen Tag in der Reitbahn, ich ging spazieren. Den ganzen Tag fast ordneten wir die Sachen u. Bäume, die wir uns gegenseitig gaben. Abends ½ 6 Uhr wurden die Herren und Damen bei der Mutter beschert, die Sachen, die wir unsern Herrn gaben, bekamen sie auch da von uns. Um ½ 7 wurden wir wie immer im goldenen Thronzimmer der Mutter beschert. [...] Um 8 fuhren wir zu Tante Auguste, wo wir v. den übrigen Verwandten beschert wurden, dann war Thee, wir bescherten uns um 10 Uhr, nachdem Alles aus war, ich dachte diesen Abend viel an Euch."

Der Heilige Abend lief also geradezu stundenplanmäßig ab:

7.00 Uhr	Aufstehen und Frühstück. Danach das Schmücken der Christbäume für die armen Kinder
10.30 Uhr	Bescherung von zwei armen Kindern und anderen Personen Danach kurze Erholung: Spaziergang oder Ausritt
Bis 17.00 Uhr	Schmücken der Bäume, die sich Ludwig und Otto gegenseitig schenken, sowie Herrichten der Geschenke
17.30 Uhr	Bescherung der höheren Bediensteten Herren und Damen bei der Mutter
18.30 Uhr	Bescherung von Ludwig und Otto im goldenen Thronzimmer der Mutter
20.00 Uhr	Fahrt zu Prinz Luitpold (dem späteren Prinzregenten) und seiner Frau Auguste; dort Bescherung von Ludwig, Otto und der übrigen Verwandtschaft
Ca. 21.00 Uhr	Teestunde
22.00 Uhr	Gegenseitige Bescherung von Ludwig und Otto

Bausteine für den siebenjährigen Ludwig

Frühzeitig entwickelte sich bei Ludwig Freude an der Kunst. Er baute gern, besonders Kirchen, Klöster und dergleichen. Ludwig I. äußerte über diesen Wesenszug des Enkels in einem Brief an seinen Sohn, König Otto von Griechenland:

„Bei der Christbescherung 1852 bekam [...] Ludwig das Siegestor aus Baustein-Holzen, das er errichten kann. Zu bauen liebt er, vorzüglich, überraschend, mit gutem Geschmack sah ich Gebäude von ihm ausgeführt. Ich erkenne auffallende Ähnlichkeit im künftigen Ludwig II. mit dem politisch toten Ludwig I., auch in seiner Anhänglichkeit an seine Erzieherin finde ich mich wieder."

Ähnlich berichtet Marie Schultze, eine vertraute Freundin der Königin Marie: „Schon als Kind hatte Kronprinz Ludwig ausgesprochene Vorliebe für das Baukastenspiel. Auch beschäftigte er sich gern damit, ein heiliges Grab aufzustellen, zu schmücken und mit Lichtern zu versehen."

Ebenso faszinierten den kleinen Ludwig religiöse Geschichten, wie seine Mutter berichtet: „Ludwig hörte mit Freuden zu, wenn ich ihm biblische Geschichte erzählte

Bausteine für den 7-jährigen Ludwig

und Bilder dazu zeigte. Besonders die Geschichte der Samariterin sprach ihn an und die Sonntagsevangelien. Er hatte eine Vorliebe für die Frauenkirche in München, kostümierte sich gern als Klosterfrau, zeigte Freude am Theaterspielen, liebte Bilder und dergleichen, hörte gern vorlesen und Geschichten erzählen und schenkte von Kindheit an gern anderen von seinem Eigentum, Geld und Sachen."

Nicht jeder Wunsch wird vom Christkind erfüllt

Ludwig und sein Bruder Otto wurden streng erzogen. Als Grund wurde angegeben, dass nur eine derartige Erziehung eine gute Vorbereitung für das spätere Leben sei. Wer daher glaubt, dass den beiden an Weihnachten jeder Wunsch von den Augen abgelesen wurde, der irrt. Die Prinzen bekamen nicht immer, was sie sich wünschten. Außerdem durften an Weihnachten alle Gaben nur so groß sein, dass sie auf dem Gabentisch Platz hatten. Aus diesem Grund bekam Prinz Otto einmal zu seiner großen Enttäuschung nicht das Pferd, das er sich so sehr gewünscht hatte. Da die beiden wussten, dass Bescheidenheit eine besonders geschätzte Tugend war, formulierten sie auch ihre Weihnachtswünsche dementsprechend zurückhaltend.

Geschenke für den 16-jährigen Kronprinzen

Was er alles für Geschenke bekam, das verriet Ludwig etwa am 31. Dezenber 1861 seinem Vetter Prinz Wilhelm von Hessen-Darmstadt:

„Mein lieber Wilhelm! Ich schreibe Dir auf einer Mappe, die ich zu Weihnachten erhielt und auch auf einem Papiere, welches ich aus der Papetrie nahm, die ich von Otto bekam."

Und danach folgt die Aufzählung der Gaben:

„Meine Weihnachtsgeschenke von den Eltern.
Zwei Hemdknöpfe mit Perlen, schwarze Emaille herum, zwei Bilder aus der Allerheiligenkirche zu meiner Sammlung, auf Goldgrund gemalt, 24 Photographien v. Hohenschwangau in diesem Sommer aufgenommen, blaues Emaille Büschen [Büchschen] mit goldenen Sternen, Schere; Messer darauf d. Photographien d. Eltern, Schiebbeschwerer, d. Photographie d. Vaters klein, gemalt, Tasse mit Eurem Theater, kleines Photographien-Album v. Juchten, goldenes Medaillon darin Madonna della Segia [Sedia], kleine Riegelhaube, Papagei, Komet an d. Uhr zu hängen, in Holz geschnitzter Hirsch, zwei Postamente, auch in Holz geschnitzt, Bild v. Hohenschwangau gemalt (Albumblatt), Lorenzkirche in Nürnberg, ich glaube Kupferstich, blaue Bleistifte, dunkelblaues Glas verred'eau aus Darmstadt, kleines Tintenzeug v. Glas v. derselben Farbe, Photographie v. jetzigen König v. Preußen u. verstorbenen König v. Sachsen klein. –

Von Otto
Rothes Photographiealbum, Papetrie mit schönen Briefpapieren, schönes Taschenmesser mit vielen Klingen und Mili[tär] darauf, auch 3 Photographien von Hohenschwangau unter diesen die, wo er [Otto] zu Pferde ist und die wo er mit Hechten mit Graf la Rosée nach Hause kommt, ein musikalisches Handbuch (Tonlexikon) das mich sehr freut, darin kann man auch die Namen von Componisten u. ihre Biographien nach dem Alphabet finden, Schachtel bunten Siegellacks, kleiner Schwan aus Wachs, Stein worauf eine Schifferin im Kahne gemalt ist aus einem Baum.

Von unserem gemeinsamen Onkel Adalbert
Schöne, goldene Uhrkette.

Von Onkel Luitpold und Tante Auguste
Photographiealbum v. Juchten, hierin ich meine Darmstädter Photographien steckte u. Briefmappe v. Juchten, darauf, Edelweiß, Alpenrose Enzian gemalt.

Vom Großvater
Bild v. Hohenschwangau gemalt

Von Onkel Adalbert u. Tante Amalie
Ruine Eisenberg bei Hohenschwangau in Holz geschnitzt

Tante Alexandra
Zwei Bücher: ‚Souvenir d' un voyage en Tartarie et un Chien'.-

Graf la Rosée
Auch drei Photographien v. Hohenschwangau.

Hauptmann Orff
Reitgerte

Baron Wulffen
Rückerts Gedichte in 2 Bänden, grün eingebunden.

Ottos [u.] mein früherer Clavierlehrer Herr Wanner
Componirte mir einen Defilirmarsch.
Zwei Bäume v. d. Eltern u. Otto"

Überwiegend waren es also Bild-Geschenke, die auf dem Gabentisch lagen, darunter Bilder von Schlössern, Kupferstiche, Fotografien für seine Sammlungen, Foto-Alben, ein goldenes Madonnenmedaillon, dann auch Briefmappen mit Briefpapier. Auch Schmuck für die Kleidung wie Hemdknöpfe mit Perlen.

Besonderheiten waren natürlich auch immer darunter, etwa ein Papagei, ein Taschenmesser, eine Reitgerte, ein eigens komponierter Defiliermarsch oder eine blaue Email-le-Büchse mit goldenen Sternen.

Besondere Freude bereitete Ludwig ein Geschenk, das er zu Weihnachten 1868 von seiner Mutter erhielt: „ein sehr interessantes, umfassendes Werk über Versailles; wie großartig und wundervoll muß dieses Schloß sein, leider kam ich nicht mehr dazu, im November es zu sehen, hoffe aber im Laufe dieses Jahres dahin kommen zu können, wenn Napoleon [III.] nicht in der Nähe ist."

Und natürlich gab es immer auch Naschereien wie Zuckersachen, Pfefferkuchen, Bonbonnieren und Attrappen.

Auch die weitläufige Verwandtschaft und Mitglieder des Hofes beschenkten den Prinzen reich, unter anderem mit einer goldenen Uhrenkette, noch mehr Bildern, Fotografien und natürlich Büchern für den lesebegeisterten Ludwig.

Drei Lieblingsgeschenke des 17-jährigen Kronprinzen

Am 28. Dezember 1862 berichtet Ludwig seiner ehemaligen Erzieherin Sybille von Leonrod von seinen Lieblingsgeschenken zu Weihnachten, die er zu den üblichen Gaben wie einer kleinen „Steckuhr, worauf ein Schwan ist, mehrere Bilder", eine Uhrkette, Knöpfe und Ähnlichem erhielt.

Es waren dies:

„3 Bücher, eines ist das *Kunstwerk der Zukunft* von Richard Wagner, das 2te Wagners Lohengrin u. Tannhäuser von Liszt, das 3te musikalische Briefe, diese Bücher freuen mich ungeheuer."

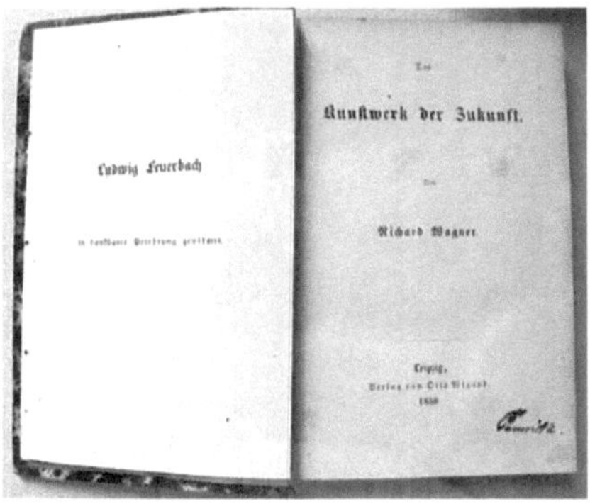

Kunstwerk der Zukunft

„Das Kunstwerk der Zukunft" ist neben „Oper und Drama" eine der beiden „kunst-theoretischen" Schriften Wagners, die er in der Zeit von 1849 bis 1852 in Zürich verfasst hatte. Darin beklagt er den Zerfall der Künste und entwickelt sein Modell der neuen Einheit der Künste, das „Gesamtkunstwerk". Die Schrift richtete sich vornehmlich an Künstler aller Kunstgattungen und fordert sie auf, sich künftig in Vereinigungen zusammenzufinden, um mit gemeinsamen Kräften unter dem verbindenden Element des Dramas sogenannte Gesamtkunstwerke zu erschaffen. Auf diese Weise wollte Wagner die von ihm beklagte Zersplitterung der Kunstarten überwinden, die seiner Meinung nach lediglich unverständliche Werke von egoistisch motivierten Künstlern hervorbringen würde. Kronprinz Ludwig las diese Schrift mit Begeisterung und zeigte sich für Wagners Idee des „Gesamtkunstwerks" sehr aufgeschlossen.

Was Ludwig seinem Bruder Otto schenkte

Am 22. Dezember 1862 notierte Ludwig: „Für Otto habe ich *Quentin Durward v. W. Scott*, das sogenannte *Buch d. Welt* statt d. Feldzüge, wie ich schrieb, eine Garnitur nebst

Jugendlicher Ludwig

Jugendlicher Otto

Nadel von rohem Krystall, ein Bild einer Gebirgsjagd, außerdem, was ich schrieb. Viele Zuckersachen, Attrappen, eine stellt einen Rosenstock, eine einen Schwamm vor, pp. [etc. etc.], dann noch als Attrappen ein Reißzeug, eine Farbenschachtel, ein Schachspiel, ein Bouquet, öffnet man die Rose in d. Mitte, so sind Bonbons darin, dann eine Biene, ein Buch (*Zschokes Novellen*) alles Attrappen."

An Weihnachten 1863 schenkte er seinem Bruder rosa Knöpfe aus Email, da dies Ottos Lieblingsfarbe war. Außerdem zwei Bücher: „Die letzten Tage von Pompeji", „Mucius Sforza", Tassen, Bronzegegenstände und einiges andere.

Am ersten Weihnachtsfest nach seiner Großjährigkeit, im Jahre 1863, überhäufte Ludwig seinen Bruder Otto mit Geschenken im Wert von 115 Gulden.

Bescherung für die Kinderfrau und den Erzieher

Für seine geliebte Erzieherin Sybille Meilhaus, verheiratete Leonrod, reimte Ludwig als Achtjähriger: „Doch da ich für jetzt nichts Bess'res habe, nimm von mir die Dankbarkeit als Gabe." Nicht immer fielen seine Geschenke für sie jedoch so sparsam aus. An Weihnachten 1864, also in seinem ersten Regierungsjahr, waren die Gaben für sie weitaus großzügiger, wie deren Auflistung zeigt, die er ihr samt einem handgeschriebenen Brieflein zukommen ließ:

Baronin Leonrod. Ludwigs Lieblingserzieherin

„Nun ist ja das schöne Weihnachtsfest wieder nahe! – Ich übersende Dir hier einige kleine Geschenke; ich denke, sie werden Dir Freude bereiten. –

1.) Ein Armband mit meinem Bilde.
2.) Ein Bild aus der Allerheiligenhofkirche [der Münchner Residenz] zur Erinnerung an die Zeiten meiner Kindheit; da ich mit Dir die ersten Male diese Kirche besuchte.
3.) Eine Tasse, auf welcher Du links oben die Fenster meiner Zimmer erblickst.
4.) Ein Photographiealbum mit Maiblumen, weil Du eine Freundin der Blumen bist.
5.) Einen Fächer mit einem Schwan.

Für die Haushaltung:
6.) Eine Silberne Teekanne.
7.) Ein Tassenservice, mit den bayerischen Farben [Weiß und Blau], als guter Patriotin.
8.) Ein Dutzend Teller mit Ansichten aus dem bayerischen Gebirge, sie werden Dich an frühere Jahre erinnern, Dir deßhalb vielleicht willkommen sein."

Ein anderes Mal schenkte er ihr eine Brosche und Ohrringe in Erinnerung an die schöne Weihnachtszeit, die er mit ihr als kleines Kind verbringen durfte. Und „dem Grafen la Rosée", so Ludwig 1862, „gab ich eine silberne Kuchenschaufel, Hauptmann Orff Westenknöpfe v. Amethisten."

Auch Diener wurden reich beschenkt

Wie reich Ludwig II. selbst einfache Lakaien bescherte, berichtete später der Kammerdiener Franz Bauer. Zu Weihnachten 1885 bekam er beispielsweise eine goldene Uhr geschenkt. Der eine Deckel zeigte das Farbenporträt des Königs, umgeben von 50 Diamanten. Der andere Deckel war gespickt mit größeren Edelsteinen und der Königskrone. Stolz bewahrte Bauer die Uhr auf, für die ihm von der deutschen Kronprinzessin Cäcilie 15 000 Mark geboten wurden, aber Bauer blieb standfest und gab die Uhr niemals her.

Andere Diener erhielten goldene Krawattennadeln, wertvolle Meerschaumpfeifen oder edelsteinbesetzte Manschettenknöpfe, auch goldene Ringe, kostbare Broschen oder ein Medaillon mit dem königlichen Porträt. Und die Damen beglückte er mit Hermelinpelzen, Colliers, goldenen Armbändern und brillantbesetzten Ohrringen, mit zierlichen Elfenbeinfigürchen, Alabasterschalen, Flacons und herrlichen Perlmuttarbeiten. Dem Einfallsreichtum des Königs waren keine Grenzen gesetzt.

Und die Armen wurden nicht vergessen

Im bayerischen Königshaus spielten das soziale Engagement und die Wohltätigkeit seit jeher eine bedeutsame Rolle. Insbesondere im Advent „besuchten die Prinzen und Prinzessinnen in Begleitung ihrer Mütter Kinderheime, Kranken- und Armenhäuser oder andere soziale Einrichtungen", so Christiane Böhm. Vielfach pflegte man den

Der Schneider, Neuer Orbis pictus für die Jugend, 1835

Brauch, eine arme Familie neu einzukleiden und zu beschenken. Dazu wurde jedem Prinzen und jeder Prinzessin ein armes Kind zugeteilt, das in den Tagen vor Weihnachten ins Schloss geholt wurde. Ein Schneider nahm Maß und konnte so die Kleider bis Weihnachten fertigstellen. Am Morgen des Heiligen Abends wurde dann die Familie ins Schloss geladen und von den Prinzen oder Prinzessinnen reich beschenkt, was sowohl den armen Kindern als auch den Prinzen und Prinzessinnen stets große Freude bereitete.

Was Großvater Ludwig I. erlebt hatte

Dass ein friedliches Weihnachtsfest zu feiern keine Selbstverständlichkeit war, das erfuhr Kronprinz Ludwig von seinem Großvater Ludwig I., der ihm erzählte, was dessen Vater Max Joseph I. Weihnachten 1794 erlebt hatte. Zu dieser Zeit waren die Franzosen dabei, die Pfalz zu besetzen.

Dem damals achtjährigen Ludwig I. war es verboten, den großen Salon im Venningschen Palast zu Mannheim zu betreten. Der Grund: Das Christkind durfte auf keinen Fall gestört werden. Als der Vater gerade dabei war, die bunten Kugeln an den Weihnachtsbaum zu hängen, schlugen plötzlich andere Kugeln ein. Kanonenkugeln! Und die kamen aus französischen Geschützen angeflogen. So schnell, wie sie nur konnten, flüchteten alle in den Keller.

Erst nach Tagen schmückte der Vater Ludwigs I. erneut den Christbaum und es konnte doch noch Weihnachten gefeiert werden. Von da an nannte Ludwig I. die Christbaumkugeln immer „Franzosenkugeln“. Diese Geschichte seines Großvaters Ludwig I. zeigte dem kleinen Kronprinzen Ludwig, dass ein friedliches Weihnachtsfest nichts Selbstverständliches ist und dass Kriege den Frieden auf Erden jederzeit zerstören können und dies selbst zur angeblich friedlichen Weihnachtszeit.

Ein königlicher Glanz wie in Feengeschichten

„Die Christbescherungen Ludwigs II. brachten einen Hauptzug im Charakter des Königs, anderen Freude zu machen, zur vollen Geltung“, so notierte Luise von Kobell in ihren Erinnerungen. „Schon im November ließ er sich zur Ansicht alle möglichen Gegenstände nach Hohenschwangau senden. Die königlichen Zimmer verwandelten sich dann in einen Bazar, in dem sich Juwelen, Seide und Samt, Bücher, Photographien, Elfenbeinschnitzereien, Vasen und Flacons in reizender Mannigfaltigkeit ausbreiteten. [...] Nicht selten gab er selbst [...] die Fassung eines Edelsteines an, und prägte ihnen die elegante Vornehmheit seines Geschmackes auf. Häufig zeigten mit funkelnden Edelsteinen besetzte, blau emaillierte Prachtstücke von Uhrgehäusen, von Medaillons und von Broschen das von Genien und Amoretten getragne Landeswappen oder auch nach des Königs eigensten Angaben allegorische Darstellungen zur Verherrlichung des Königtums und dessen reichen Segnungen [...]

Die Auswahl der Weihnachtsgeschenke und deren Verteilung war eine mühsame Arbeit für Ludwig II., denn er beschenkte die Königin-Mutter, alle Prinzen und Prinzessinnen in Bayern, die Hofdamen, seinen dienstthuenden Adjutanten, den Kabinettsekretär, den Hofsekretär, den Leibarzt, den ihn bei seinen Fahrten und Ritten begleitenden Stallmeister und seine gesamte Dienerschaft.

Die für die Armen übliche Summe vermehrte der König oft um das Doppelte. Bisweilen machte es ihm Vergnügen, wie im Märchen den Hans im Glück, durch eine kostbare Gabe zu verblüffen, und da geschah es, dass ein kleiner Rosselenker ein Kleinod bekam, das er sich im höchsten Flug seiner Wünsche nicht hätte träumen lassen. Einen ehemaligen Lehrer vergaß er nie zur Weihnacht und immer bescherte er dem Betreffenden diejenigen Dinge, die dessen Neigung entsprachen. Im großen Ganzen entfaltete der König eine Freigebigkeit und einen Glanz, wie es in den Feengeschichten erzählt wird.“

Einen Schmetterling für den König

Am 23. Dezember 1865 kündigt Cosima Bülow, Richard Wagners spätere Frau, dem König in einem Brief eine bescheidene Gabe an:

Theurer erhabener König!
Gnadenvoller, gütiger Herr!

[...] Weihnachten, Weihnachten, unter Thränen des trostreichsten Leidens feiere ich es diesesmal, geboren wird der Heiland uns, ach! zu unsäglichen Qualen, bald bald ist er auferstanden, das Altarbild ganz strahlend noch von der Sonne Hohenschwangau's sagt mir es ja!

Ich wage den „Feen" eine kleine bescheidene Gabe beizufügen. Es ist eine Mosaik-Arbeit die ich aus Rom erhielt und die als ein schönes Muster dieser Gattung der Kunst gilt; ich bin so frei sie in aller Demuth auf den Weihnachtstisch Euerer Majestät zu legen weil sie einen Schmetterling – das Symbol der Unsterblichkeit – darstellt. In dieser Prüfungszeit weiss ich Euerer Majestät nichts anders zu sagen als dass unsterblich wie die grosse That Euerer Majestät, die dankbaren Gefühle sind

Euerer Majestät,
treu gehorsamster Dienerin
Cosima v. Bülow-Liszt

Cosima Wagner

Für den Briefbeschwerer mit Schmetterling und die Partitur von Wagners Oper „Feen“ bedankt sich der König brieflich umgehend am 24. Dezember 1865:

Theure, hochverehrte Frau!
Es drängt mich, Ihnen meinen wärmsten Dank auszusprechen für die theuren Weihnachtsgaben, sie machen mir große Freude. Ein innig werthes Kleinod ist mir die Partitur der „Feen“ – kann ich Ihnen genug für dieselbe danken! Wie schön u. sinnig das Geschenk des Beschwerers mit d. Schmetterling […]

Ihr
sehr geneigter 

Wo feierte Ludwig II. Weihnachten?

Da für die Mitglieder des Königshauses Weihnachten ein Fest der Familie war – dazu gehörte auch die gesamte königliche Verwandtschaft –, wurde der Heilige Abend in der Kindheit und Jugend Ludwigs II. grundsätzlich in der Münchner Residenz gefeiert. An den folgenden Weihnachtsfeiertagen stattete man sich dann gegenseitig Besuche ab. Auch im Jahr seines Regierungsantritts 1864 hielt sich Ludwig vom 1. bis 30. Dezember in München auf. „In den früheren Jahren“, so Luise von Kobell, „brachte der König regelmäßig den Weihnachtsabend bei der Königin-Mutter in München zu.“ Doch nach und nach nahm sein Aufenthalt in München ab, das der freiheitsliebende König bekanntlich immer weniger schätzte, empfand er doch gegen die aufdringliche Regierung und das Ovationsgebrüll der Bevölkerung große Abneigung. Außerdem fühlte er sich in der Residenz wie eingekerkert. Freiheit verspürte er nur in den Bergen, vor allem in seinen einfach eingerichteten Berghütten.

Hielt er sich 1866 fast noch den ganzen Dezember in München auf, verringerten sich von 1867 bis 1869 diese

Schlösser Hohenschwangau / Linderhof

Aufenthalte zu Weihnachten immer mehr. 1870 verbrachte er dann den 24. Dezember erstmals in Hohenschwangau. Danach kam es zunehmend zu Unregelmäßigkeiten. 1873 zog er sich dann erstmals vom 17. Dezember bis zu Silvester nach Hohenschwangau zurück. Auch wenn er sich 1874 und 1875 nochmals vom 23. Dezember an für sieben Tage in München aufhielt, das Ende seiner weihnachtlichen Münchenaufenthalte war absehbar.

Ab 1877 feierte er dann den Heiligen Abend bis zu seinem Tod nur mehr in „meinem lieben trauten Hohenschwangau"! Die Tage vor Heilig Abend und nach Neujahrsbeginn verbrachte er dann meist in Schloss Linderhof, seinem zweiten Lieblingsschloss. Doch München sah ihn in den letzten neun Lebensjahren im Monat Dezember nicht mehr.

Warum verbrachte Ludwig II. Weihnachten so gerne in Hohenschwangau?

Ludwig II. liebte mit zunehmendem Alter die Einsamkeit immer mehr. Er schätzte die winterliche Stille, die er in den Bergen fand. Deshalb zog er sich ab dem 32. Lebensjahr bis zu seinem Tode jeden Heiligen Abend nach Hohenschwangau zurück. „Hier brachte ich ja die schönen Kinderjahre zu, hier steigt eine Welt von herrlichen Erinnerungen in mir auf!“, wie er schon am 18. August 1865 seiner ehemaligen Erzieherin Frau von Leonrod versicherte.

Auch an den Tagen bis Jahresende hielt er sich jeweils gerne in diesem väterlichen Schloss auf, das auch eine räumliche Nähe zu seinem Schloss Neuschwanstein aufwies. Hier konnte er zur Ruhe kommen und bei seinen einsamen Schlittenfahrten und Spaziergängen in der Natur spürte er die Nähe Gottes in seinem Herzen.

„Im theuren, poesiedurchwebten Hohenschwangau, im lieben Berg, am Ufer des herrlichen Sees, auf den Gipfeln der Berge in den einsam gelegenen Hütten oder in der Rococo-Pracht meiner Gemächer im Linderhofe, ist es mein höchster Genuß, der sich nie erschöpft, in das Studieren fesselnder Werke mich zu vertiefen (hauptsächlich historischen Inhalts) u. darin Trost u. Balsam zu finden, für so manches Herbe u. Schmerzliche, das die traurige Gegenwart, das mir sehr zuwidere 19te Jahrhundert mit sich bringt.“

Dieses Geständnis sandte er am 16. Juli 1874 Frau von Leonrod.

Die Bewohner der Umgegend waren jedes Mal besonders froh und stolz, den König dort zu wissen. Denn für Arme und Notleidende hatte Ludwig zeit seines Lebens ein großes Herz und so durften sich auch die Bedürftigen Füssens und der Umgebung während des Aufenthaltes Seiner Majestät stets seiner Hochherzigkeit gewiss sein.

Jedes Weihnachten erfreute der König die Armen und Kranken in Bayern mit besonderen Gaben. In den Jahren 1878 und 1879 erhielt zum Christfest auch das Franziskanerkloster in Füssen jeweils einen Betrag von 1000 Mark zum Geschenk.

Schon 1866 bedichtete Christian Schad den König als „Guten Engel“:

Als guter Engel durch das Land
Gehst Du zu heilen und zu stillen
Mit rast- und ruheloser Hand,
Wo noch des Kummers Tränen quillen.

Gesegnet sei Dir Hand und Fuß!
Gott schmückt dich mit der schönsten Krone,
Des Volkes Blick, des Landes Gruß
Folgt Dir auf Weg und Steg zum Lohne!

Heiligabend in Schloss Hohenschwangau

In seinem „Roman eines Königstraumes“ mit dem Titel „Dem Toten die Ehre. Entsiegelte Dokumente. Treue Bayernherzen ihrem Liebling als Denkmal“ beschreibt Ludwig Below einen Weihnachtsabend, den Ludwig II. mit seiner Mutter und seinem Bruder Otto etwa 1873 im Schloss Hohenschwangau feiert. König Max II., Ludwigs Vater, ist bereits seit neun Jahren tot. Ludwigs Verlobung mit Prinzessin Sophie im Jahre 1867 scheiterte kurz darauf. Sein Bruder Otto ist bereits von seiner geistigen Erkrankung gezeichnet, die 1875 zum Ausbruch kommen wird. Ludwigs Mutter macht sich daher Sorgen um ihre beiden Söhne. Der Weihnachtsabend ist in eine melancholische Stimmung getaucht:

Stille Nacht! Heilige Nacht! Der Heiland ist geboren.

Aus den Kirchen in den Tälern und von den einsamen Kapellen auf tief verschneiten Höfen kündeten die ehernen Stimmen der Glocken die frohe Botschaft und riefen die Gläubigen zur Christmette, Gott für seine Gnade zu danken und zu lobsingen zu seiner Ehr.

Spaziergang bei Hohenschwangau

Sternklar lag die Nacht über See und Gebirge. Gestern noch hatte der Wintersturm getobt, heute regte sich kein Lüftchen.

Wipfel und Zweige, dicht mit Schnee verhängt, tief unter seiner Last gebeugt, wuchsen die Wälder um Hohenschwangau in den Himmel. Hin und wieder schimmerte ein Lichtlein durch den dunklen Tann, vielleicht das eines Wanderers, der eilig heimwärts, dem Tale zustrebte.

Hell stand das Schloss gegen den Nachthimmel. Lichterfluten brachen aus seinen hohen Fenstern.

Der König feierte mit seiner Mutter und seinem Bruder Otto das Weihnachtsfest. Im Wohngemach der Königin-Mutter prangte die festlich gezierte Tafel. In ihrer Mitte erhob sich ein reich geschmückter, großer Tannenbaum. Der Glanz seiner vielen Lichter brach sich verdoppelt in den Spiegeln der Wände und erhellte das Gemach bis in die dunkelsten Ecken.

Die Königin-Mutter saß still und versonnen in ihrem hohen Lehnsessel. Der König, seinen Bruder zur Seite, lehnte an einem der Fenster und sah in die Nacht hinaus. Tiefes Schweigen – nur die Kerzen knisterten leise, wenn die Spitzen der Flammen die Nadeln eines Zweigleins trafen.

Jetzt sah die Königin-Mutter zu ihren Söhnen hinüber. Ängstlich schien der Ausdruck, der in ihren Augen lag und er verwandelte sich allmählich zu tiefer Besorgnis. Sie wusste, dass Ludwig sie nicht so liebte, wie sonst eine Mutter von ihrem Kind geliebt wurde. Gewiss kam er seinen Sohnespflichten ihr gegenüber nach, aber sie fühlte in seinem Wesen ein Gebaren hindurch, das ganz dem ihrem abgekehrt war. Sie hatte ihn zu verstehen gesucht, aber sie sah allzu bald ein, dass sie ihm nicht zu folgen vermochte auf seinen Wegen, die so ganz andere waren, als die sie von Jugend auf gegangen war. Ihr Gatte hatte sie auch des Öfteren für Literatur und schöne Künste zu begeistern versucht. Sie liebte sie nicht wie er, sie verstand sie auch nicht so, nur in einem, in der Liebe zur Natur, zu den Bergen waren sie einig gewesen. Und in Ludwig war nun beides vereint! – Aber seine Absonderlichkeiten, sein Hang zur Einsamkeit und Träumerei, die oft völlige Abgekehrtheit von der Gegenwart, seine Menschenscheu – wenn er älter gewesen wäre, wäre der Ekel vor seiner Umwelt verständlicher – woher hatte er das? Von seinem Vater gewiss nicht, von ihr? Dunkel erinnerte sie sich schrecklicher Begebenheiten im Hause Braunschweig-Hannover, dem ihre Mutter entstammte. Und weiter dachte sie an ihre frohe Jugendzeit, als sie Rübezahls Reich nach allen Richtungen durchstreift hatte. Dort war es auch gewesen, wo ihr jenes alte, so rätselhafte Weib, als sie sich im Gebirge verirrt, den rechten Weg gewiesen hatte, aber die Annahme jeder Belohnung verweigert und nur, als sie ihr die Hand gegeben, diese festgehalten und auf ihre Fläche geschaut. Und dann jene Worte, die ihr bis heute unverständlich geblieben waren, die sie aber all die langen Jahre seit jener Zeit, wo sie restlos glücklich gewesen, niemals hatte vergessen können.

Zwei Wesen seh ich im Nebel stehn,
Das Eine, das wird im Feuer vergeh'n,
Das Andre haben die Wogen
Zu sich in die Tiefe gezogen!

Niemand hatte ihr diese rätselhaften Verse deuten können. Sie war verlacht worden und als abergläubisch gescholten. Dann ließ sie die Zeit alles vergessen.

Warum tauchte dieses Ereignis aus längst verklungenen Jugendtagen jetzt auf einmal in ihrer Seele auf. Sie sann und sann.

Wie glücklich war sie gewesen, als Ludwig um die lebenslustige Sophie gefreit hatte!

Mit ihr vereint, wäre er gewiss ein Anderer geworden. Wo war ihr Hoffen geblieben? Verweht wie ein dürres Blatt vor dem Winde!

Er durfte nicht vereinsamen, sich immer tiefer in seine Phantastereien vergraben, schlimm konnte das enden! Das Herz krampfte sich ihr zusammen. Was sollte sie tun?

Sie hatte keinen Einfluss auf ihn, eines nur blieb ihr, Gott zu bitten, ihres Sohnes Herz zu lenken. Ihre Hände falteten sich unwillkürlich und ihre Lippen bewegten sich im Gebet.

Nach einer kurzen Weile erhob sie das müde Haupt, hinter dessen Stirn wirr die Gedanken kreisten, und ihre Blicke glitten zu seinem Bruder Otto. Ihr Liebling, ihr Sorgenkind war er von jeher gewesen. Zart und schmächtig war er trotz aller Pflege geblieben, eines nur hatte er von ihr geerbt, ihre Frohnatur. Und doch, wenn auch der Mund lachte, der Schleier über seinen Augen, den nur ihr scharfes Mutterauge sah, wich nicht. Sorgenkinder, ach, waren sie beide!

„Teure Mama, woran denkst du?"

„Ich, ich – verzeiht meine lieben Kinder", stammelte die Königin, jäh aus ihren Gedankengängen gerissen durch die plötzliche Anrede, „ihr wart so still – ich träumte mich zurück in die Zeit, wo euer Vater noch mit uns Weihnachten feierte, und noch weiter zurück in meine Jugendzeit –"

„Jugendzeit! O meine teure Mama, ich kann das mit ganzer Seele verstehen, wie träume auch ich mich oft in sie zurück. Da war ich noch glücklich, restlos glücklich!"

„Und warum bist du es jetzt nicht mehr, mein lieber Sohn? Du könntest es sein, wenn du wolltest – wenn du gewollt hättest!"

Königin Marie, die Mutter der beiden Königskinder Otto (rechte Seite, links) und Ludwig (rechte Seite, rechts)

„Ob ich's nicht gewollt, meine teure Mama, weißt du das so gewiss?“, entgegnete Ludwig mit leisem Beben in der Stimme.

Prinz Otto war jetzt hinzugetreten und winkte hinter dem Rücken des Königs der Mutter zu, als wollte er sie bitten, das angeschlagene Thema nicht weiter zu verfolgen.

Die Königin-Mutter verstand sofort und eine weitere Frage erstarb auf ihren Lippen. Es war ja Weihnachten, Weihnachtsabend! Wie konnte sie darauf vergessen!

Otto hatte Recht, sie wollte heute nicht weiter in ihn dringen und an etwas rühren, das, tief im Herzen verborgen, für immer dort ruhen sollte.

Ludwig verstand sofort ihr plötzliches Schweigen. Er beugte sich zu seiner Mutter nieder und zog ihre Hand an seine Lippen, als wollte er ihr für das Zartgefühl danken, das sie ihm bekundete.

Jetzt trat ein Diener über die Schwelle und flüsterte ihm etwas zu.

Der König nickte.

„Und nun, meine teure Mama, möchten wir dir noch eine Freude bereiten, die wir bis jetzt für dich aufgespart hatten.“

„Noch eine Freude, meine lieben Kinder!"

„Komm, Mama!"

Der König stützte sie liebevoll, als sie sich aus dem Sessel erhob, und führte sie gemeinsam mit seinem Bruder an den Erker ihres Gemaches, dessen Fenster er öffnete.

Den Lippen der Königin entfloh ein Ruf des Entzückens. Dort am Rande des dunklen Tann, den hoher Schnee fast den Blicken entzog, erglänzte eine einzelne hohe Tanne in einem Lichtermeer von Kerzen, die seine Äste von unten bis oben bedeckten.

In der Tiefe sang leise eine Geige und ihre Töne begleitete, von hellen Stimmen getragen, die alte und doch ewig junge Weise: „Stille Nacht, heilige Nacht! ..."

Zu Tränen gerührt, in wortlosem Entzücken, lauschte die Königin, bis der letzte Ton in der stillen Winternacht verklungen war.

Dann zog sie in stummem Danke ihre beiden geliebten Söhne an ihre Brust und sah mit von Freudentränen gedunkeltem Blick gen Himmel, von dem jetzt langsam weiße Flocken zur Erde sanken. Ihre Lippen bewegten sich, sie bat Gott um das Glück ihrer geliebten Kinder.

Der Sinn des Weihnachtsfestes für Ludwig II.

Wie für viele gläubige Menschen, so stand auch für König Ludwig II. an Weihnachten die Geburt Jesu im Mittelpunkt der Betrachtung. Gott sendet seinen Sohn auf die Erde, der in Menschengestalt die Menschheit von aller Schuld erlösen soll. Es handelt sich dabei um ein göttliches Geschenk der Liebe. Dies wollen am Heiligen Abend deshalb auch die Liebesgaben verdeutlichen, die sich die Menschen gegenseitig überreichen.

Und Friede den Menschen auf Erden!

Im Weihnachtsevangelium nach Lukas, das Ludwig II. gut kannte, erscheint der Engel Gottes den darüber erschreckten Hirten auf dem Feld und verkündet ihnen die Geburt Jesu. „Und also bald war da bei dem Engel die Menge der himmlischen Heerscharen, die lobten Gott und sprachen: Ehre sei Gott in der Höhe, und Friede auf Erden, und den Menschen ein Wohlgefallen!"

Diese himmlische Friedensbotschaft, diese Mahnung zum Frieden bedeutete König Ludwig II. ganz besonders viel. Auch er wollte ein Friedensfürst sein und es schmerzte ihn entsetzlich, dass er gegen seinen Willen 1866 und 1870 in zwei Kriege verwickelt wurde. „Ach, es sind traurige, entsetzensvolle Zeiten, die wir zu durchleben haben", klagte er, „sogar in meiner kurzen Regierungszeit gab es zwei unselige Kriege! Sehr hart für einen Fürsten, der den Frieden liebt!" – „Ich will keinen Krieg. Ich hasse, ich verachte den Militarismus", betonte er immer wieder, „um meinetwegen soll kein Blut vergossen werden." Und: „Wehe, dass ich gerade zu solcher Zeit König sein musste!" Als es dann doch gegen seinen Willen zum Krieg kam, äußerte er: „Mit Macht sehne ich mich nach einem baldigen

Schloss Neuschwanstein in einer Winternacht

dauernden Frieden, der segensreich sei für die Welt und für ganz Deutschland, vorzüglich aber für mein geliebtes Bayern."

Statt Krieg wünschte er die Lösung strittiger Probleme zwischen den Völkern „auf dem Wege des Rechts", also durch Verhandlungen. „Das raue Kriegshandwerk", so seine Überzeugung, „lange geübt, verwildert die Sitten der Menschen, macht sie unfähig, große, erhabene Ideale zu fassen, stumpft sie ab für geistige Genüsse, denn diese allein sind imstande, dauernd zu fesseln, diese allein gewähren wahre Wonne und innere Befriedigung." – „Ich wünsche von meinem Schöpfer nicht das Glück eines Eroberers, dieses Fürstenwahnwitzes, sondern jenes Glück, dass man nach meinem Tode sage, Ludwig hat nur danach gestrebt, seinem Volke der wahrhaft treueste Freund zu sein, und es ist ihm gelungen, sein Volk zu beglücken."

Gottes Licht auf Erden zu verkünden!

Weihnachten gilt als das große Lichtfest der Christenheit, in dem Gott, das Licht der Welt, auf die Erde kommt. Die Hirten auf dem Feld erleben dieses Licht, als der Engel des Herrn zu ihnen tritt „und die Klarheit und das Licht des Herrn um sie leuchtete". Dieses Licht in der Welt zu verbreiten, darum wollte sich Ludwig II. während seines Lebens bemühen.

In seinem Brief vom 3. Januar 1872 spricht er davon, dass er „der Alles entzündenden, lebenverleihenden Central-Sonne der ewigen Gottheit [...] Rechnung ablegen" wolle, „für unsre Thaten, deren Zweck und Inhalt waren, ihr Licht [also der Gottheit Licht] auf Erden zu verkünden, durch ihre heiligen Flammen die Menschheit zu läutern, zu vervollkommnen, auf daß sie ewiger Wonnen theilhaftig werde."

Es ging Ludwig also darum, seinen Beitrag dazu zu leisten, „den Sieg des Lichtes über die menschliche Bosheit und Finsternis zu erringen". Er war sich bewusst, dass das Weihnachtsgeschehen der Ausgangspunkt für dieses Bemühen ist. Die alljährlich wiederkehrende Feier dieses Festes ermahnte ihn stets aufs Neue, diese wichtige Aufgabe zu erfüllen, die gerade ihm als König von Gottes Gnaden aufgetragen war.

Weihnachten, das Fest der erlösenden Liebe

Weihnachten erinnert daran, dass Christus auf die Welt kam, um die Menschheit zu erlösen. Dies verkündet der Engel den Hirten auf dem Felde mit den Worten: „Fürchtet euch nicht; siehe, ich verkündige euch große Freude, die allem Volk widerfahren wird; denn euch ist heute der Heiland geboren." Der Heiland, also der alles heil machende Gott, kommt zu den Menschen auf die Erde, um sie von allem Bösen zu erlösen.

Diesen Erlösungsgedanken verinnerlichte Ludwig II. Tagebucheinträge und briefliche Äußerungen belegen, dass es ihm zeitlebens um die Befreiung von aller Schuld ging, die er durch sein fortwährendes Streben nach innerer Vollkommenheit und Reinheit zu erreichen versuchte. Er glaubte fest daran, dass dies möglich sei. Ein Garant dafür war ihm das Kind in der Krippe, das mit seinen heilenden Kräften alle Bemühungen, heil zu werden, unterstützt.

Wie dieses Ziel zu erreichen sei, schrieb Ludwig am Karfreitag 1865 an Richard Wagner: „Gott selbst ward Mensch, er lehrte uns, wie auch wir uns lieben sollen." Und in einem Brief an Cosima von Bülow vom 21. Juli 1866 unterstreicht er diese Auffassung mit den Worten: „In Ihrem letzten Brief aus München erinnerten Sie mich daran, dass ich Ihnen einst in einer sehr ernsten Stunde mitgeteilt hatte, ich hielte die Pflicht der Liebe, der heiligen, Gott entstammten, für die höchste! Theure Freundin, dies ist mein Glaube und nach diesem will ich leben, will ich sterben".

Gottes Liebesbeweis, seinen Sohn in die Welt zu entsenden, um die Menschheit zu erlösen, war für Ludwig Ansporn, durch sein Streben nach Vollkommenheit und Reinheit, vor allem aber durch das Verschenken von Liebe seinen Beitrag zu diesem göttlichen Erlösungswerk zu leisten.

An Weihnachten steht im Mittelpunkt die zweifache Armut, Not und Hilflosigkeit der Menschen. Der schwangeren Maria wird eine Unterkunft verweigert, sodass sie das Gotteskind in einem Stall oder einer Grotte zur Welt bringen muss. „Und sie gebar ihren ersten Sohn und wickelte ihn in Windeln und legte ihn in eine Krippe, denn sie hatten sonst keinen Raum in der Herberge."

Die Ersten, die das Jesuskind zu Gesicht bekommen, sind keine begüterten Leute, sondern arme Menschen, Hirten, die nachts ihre Herde hüten. Der Engel weist ihnen den Weg zur Krippe. „Und die Hirten sagten zueinander: ‚Lasst uns nun gehen nach Bethlehem und die Geschichte sehen, die da geschehen ist, die uns der Herr kundgetan hat! Und sie fanden Maria und Josef, dazu das Kind in der Krippe liegen. Als sie es gesehen hatten, verbreiteten sie die Nachricht und was zu ihnen von diesem Kinde gesagt war. Und alle, die es hörten, wunderten sich über das, was ihnen die Hirten gesagt hatten. Und die Hirten kehrten wieder um, priesen und lobten Gott für alles, was sie gehört und gesehen hatten."

Erst als Dritte kamen dann Sterndeuter, Magier oder Weise aus dem Osten und „sie fanden das Kind und Maria, seine Mutter; da fielen sie nieder und huldigten ihm. Dann holten sie ihre Schätze hervor und brachten ihm Gold, Weihrauch und Myrrhe als Gaben dar."

König Ludwig II. zählte nicht zu den Armen, eher sah er sich schon in der Rolle eines der drei Sterndeuter. Und so fühlte er sich aufgerufen, an Weihnachten von seinen Schätzen den Armen zu geben. Vorbilder waren ihm sein Namenspatron Ludwig IX. sowie die Hl. Elisabeth von Thüringen, die beide wegen ihrer großen Nächstenliebe verehrt wurden. Es verwundert nicht, dass Ludwig II. im Thronsaal seines Schlosses Neuschwanstein eben diesen Hl. Ludwig darstellen ließ, wie er Arme speist und bekleidet, und als einzige Frau auch die Hl. Elisabeth, wie sie Kranke pflegt. Ihren Beispielen wollte Ludwig II. unbedingt folgen.

Während seiner Regierungszeit initiierte er nicht nur Sozialgesetze, sondern unterstützte auch Bedürftige und mit Spenden die Kirche. Mehrere Jahre ließ er „tausend Arme in 10 Gastlokalen der Stadt [München] am Ostersonntag speisen“. Und immer zu Neujahr ließ er in Linderhof durch den Pfarrer von Ettal 400 Mark an die Ortsarmen verteilen. 1866 gründete er gemeinsam mit seiner Mutter mit einer Spende von 10 000 Gulden den „Hauptverband bayerischer Frauen und Jungfrauen zur Beischaffung von Verbandsmittel für das vaterländische Heer“, aus dem das Bayerische Rote Kreuz hervorging. Als Großmeister des St.-Georgs-Ritterordens reformierte er ab 1869 den Orden, indem er die Mitglieder zur „Ausübung der Werke der Barmherzigkeit“ anhielt und sie unmissverständlich zur Errichtung von Krankenhäusern und anderen karitativen Anstalten aufforderte, wobei er auch selbst große Summen aus seiner Privatschatulle beisteuerte.

Karitative Mildtätigkeit als Tugend eines christlichen Herrschers in der Nachfolge Jesu war Ludwig ja bereits von klein auf anerzogen worden. Dies

Die Heilige Elisabeth übt Werke der Barmherzigkeit (Bild im Thronsaal Neuschwanstein)

König Ludwig IX. von Frankreich speist die Armen.
(Bild im Thronsaal Neuschwanstein)

zeigen die wachsenden Ausgaben des 11- bis 17-jährigen Kronprinzen von April 1856 bis August 1863 für Almosen an Bedürftige, die er von seinem geringen monatlichen Taschengeld zu bestreiten hatte. Als König hatte er dann diese Tugend der Wohltätigkeit völlig verinnerlicht. „Ich danke es dem lieben Gotte, dass Er mir einen Beruf gegeben hat, welcher mir zur Pflicht macht, für das Wohl Anderer Sorge zu tragen“, gestand er kurz nach der Thronbesteigung seiner ehemaligen Erzieherin Sibylle von Leonrod.

Heimlicher Besuch der Christmette

Es verwundert nicht, dass für den König auch der Besuch der Christmette ein wesentliches Element der Weihnachtstage darstellte, worüber Frank Wedekinds Tochter Kadidja Wedekind Folgendes zu berichten weiß:

„Am ersten Weihnachtsfeiertag erschien ein königlich bayrischer Lakai beim Pfarramt der Münchner Frauenkirche: Seine Majestät, der König, habe gestern Nacht in der Christmette seinen Regenschirm vergessen, ob er gefunden worden sei?

‚Seine Majestät' – ? , fragte der Dompfarrer entgeistert. ‚Aber der König war doch gar nicht in der Kirche?'

‚Doch', sagte der Lakai, ‚der König war schon in der Kirche, aber unerkannt. Der Regenschirm muss irgendwo in den Bänken liegen geblieben sein …'

Tatsächlich war ein Regenschirm gefunden worden. Er wurde dem Lakai ausgehändigt, der ihn als den des Königs erkannte.

‚Seine Majestät geht gern allein in die Mitternachtsmesse', sagte der Lakai noch, als er sich verabschiedete.

So wurde es bekannt, dass der menschenscheue König, den man seit Jahren nicht gesehen hatte, häufig mitten unter allem Volk nachts der Messe beiwohnte: ein beleibter, bärtiger Herr, auf den niemand achtete.

Er war in die Kirche gekommen, wie viele, die niemanden haben, mit dem sie Weihnachten feiern können, und die sich von der heiligen Festlichkeit des Mysteriums Trost, Erleichterung oder eine Offenbarung erhoffen."

Dieser Besuch Ludwigs II. in der Christmette im Liebfrauendom zeigt, wie sich der König in aller Bescheidenheit unters Volk mischte. Gleichzeitig verdeutlicht die geschilderte Episode aber seine Einsamkeit, in die er mit den Jahren immer mehr versank.

Ludwigs II. „Ars Donandi“ – Seine Kunst des Schenkens

Schenken war für Ludwig II. eine Kunst und Ausdruck göttlicher Liebe. Schenken war für ihn aber sicher auch ein Brückenschlag über den Abgrund seiner Einsamkeit. Jede seiner Gaben war eine Botschaft in diese beiden Richtungen. Schenken bedeutete ihm ein Signal der Wertschätzung, eine Möglichkeit zur Kommunikation. Er wollte sich von seiner besten Seite zeigen und andere glücklich machen, weil er wusste, dass dieses Glück zurückstrahlt. Und dieses Glück war ihm genug, weshalb er den Gedanken aufgab, für sein Geschenk eine Gegengabe zurückerhalten zu wollen. Ludwig II. schenkte deshalb so fürstlich, weil er dadurch verhindern wollte, eine gleichwertige Gegengabe, die er auch gar nicht erwartete, zurückzuerhalten. Allenfalls erhoffte sich ein Zeichen dafür, dass seine Zuwendung den Beschenkten wirklich glücklich gemacht hatte. Wenn das der Beschenkte dadurch zum Ausdruck brachte, dass er dem König seinen tiefen Dank abstattete, war Ludwig glücklich. Für ihn war der Dank ein Zeichen der Hingabe des Beschenkten an seine Person, ein Zeichen der Gegenliebe, eine Erwiderung auf seine Liebesgabe.

Ludwig II. war ein einfühlsamer Schenker. Er stellte hohe Ansprüche an seine Gaben, weil diese sei-

Ludwig II. mit Christbaum

ne Beziehung zum Beschenkten widerspiegeln sollte. Er war auch ein kreativer Schenker, der sich um originelle Gaben ernsthafte Gedanken machte.

Andere glücklich zu machen, darum ging es Ludwig II. immer, wie auch sein Eintrag in das Album einer Würzburgerin verdeutlicht, den er während seiner Frankenreise vornahm:

> In Anderer Glück sein eigenes finden.
> ist dieses Lebens Seligkeit;
> Und anderer Menschen Wohlfahrt gründen,
> schafft göttliche Zufriedenheit.

Ludwig II. war sich bewusst, dass Schenken Menschen verbinden kann. Mit einem Geschenk lässt sich demonstrieren, dass der Schenkende an den anderen denkt. Man schenkt, wenn man ein Interesse daran hat, soziale Beziehungen zu festigen und aufrechtzuerhalten. Schenken hat daher etwas mit Einfühlungsvermögen und Altruismus zu tun. Der Akt des Schenkens war für den König eine selbstlose Darbietung. Mit seinem Geschenk wollte er immer auch immaterielle Werte wie Sympathie, Prestige, aber sicher auch Macht transportieren.

Das Geben war seit jeher vornehmste Aufgabe des Adeligen. Er beherrscht die „ars donandi", die „Kunst des Schenkens". Die Mächtigen pflegten schon in alter Zeit den Gabentausch. Wer mehr hatte, konnte auch mehr geben. Wer reich war, der demonstrierte Freigebigkeit und damit auch Macht. Mit der Zeit wurde das Schenken der „Vornehmen" auch von wenig Begüterten nachgeahmt. Wer nicht so reich oder gar arm war und dennoch schenkte, offenbarte damit seine innere Vornehmheit, seinen inneren Adel. Man besiegelte freundschaftliche wie strategische Allianzen, familiäre und nachbarschaftliche Bindungen wurden hergestellt und aufrechterhalten. Schenken war und ist also soziales Handeln und zugleich Grundlage der friedlichen Zivilisation, die auch Ludwig II. so sehr am Herzen lagen.

Der Kronprinz, der schon alles hatte

Ein altes Weihnachtsmärchen

Im Schloss Nymphenburg lebte einmal ein kleiner Kronprinz, der hatte alles, was ein Kind sich nur wünschen kann. Er besaß bunte Bauklötze aus Holz, mit denen er die schönsten Burgen und Schlösser bauen konnte, und dazu kleine Soldaten, die das Schloss bewachten, und natürlich auch den König und sein Hofgesinde, eine ganze Kiste voll winziger Figuren und jede Figur war wunderschön bemalt. Und ihm gehörten ein perlengeschmücktes Taschenmesser mit vielen Klingen, eine edle Reitgerte und sogar zwei weiße Täubchen und ein grüner Kakadu. Und in seinem riesigen Zimmer stand ein großer Schrank voll herrlicher Bilderbücher; und dann hatte er noch – nein, ich kann wirklich nicht alles aufzählen, was der Kronprinz noch besaß, denn das würde wohl hundert Seiten füllen.

Kein Wunder, dass das Christkind in großer Verlegenheit war, als das Weihnachtsfest vor der Tür stand. Es wusste nicht, was es dem kleinen Kronprinzen, der schon alles hatte, diesmal bringen sollte. Das Christkind saß droben im Paradies mitten unter der Schar der kleinen Engel, die noch geschäftig an den letzten Spielsachen arbeiteten, und sah recht sorgenvoll aus. „Was schenk ich nur dem kleinen Kronprinzen, der schon alles hat“, seufzte es und schüttelte ratlos den Lockenkopf.

Da kamen die Engel herbei und rieten ihm dies und das.

Eines schlug vor: „Schenk ihm doch einfach eine goldene Kutsche, die ganz alleine in der Stube herumfährt, das ist in diesem Jahr das Allerneueste!“ Aber das Christkind schüttelte den Kopf.

Ein anderes meinte: „Schenk ihm ein weißes Kaninchen mit drei Ohren, das ist etwas ganz Ungewöhnliches. So etwas hat der Kronprinz bestimmt noch nicht.“ Aber das Christkind schüttelte abermals den Kopf, denn so etwas Seltsames gefiel ihm schon gar nicht.

„Wir wollen ihm eine Zauberpuppe machen“, sagte ein drittes Engelchen, „die nicht bloß Hokuspokus fidibus und Simsalabim spricht, sondern eine ganze Geschichte erzählen kann.“

Da stand das Christkind auf und ging weg. Die Ratschläge der Engel waren ihm zu einfallslos und deshalb wollte es lieber allein nachdenken. Eine Weile spazierte es nun auf der Milchstraße auf und ab und grübelte nach. Mit einem Mal schien ihm etwas sehr Schönes eingefallen zu sein, denn das Gesicht hellte sich auf und es sah strahlend und glücklich aus.

Drunten im Schloss Nymphenburg stand der Kronprinz, der schon alles hatte, vor dem Spiegel und setzte sich soeben seine Pelzmütze auf. Die alte Hofmeisterin wartete schon an der Tür, denn sie wollte mit dem Kronprinzen wie alle Jahre am Weihnachtsnachmittag auf den Münchner Christkindlmarkt gehen. Es machte dem Kronprinzen, der schon alles hatte, Spaß, durch die Budenreihen zu schlendern, wo es so fröhlich zuging und alles buntscheckig aussah, wo es flimmerte und glitzerte von Silbersternen und Glaskugeln, wo Puppen in geblümten Kattunkleidern lagen und sich andere schöne Spielsachen auf den Tischen stapelten, und wo sich die Kinder drängten und eines ums andere rief: „Ach, das möchte ich haben! Und dies! Und das auch!“ Nur der Kronprinz rief nie: „Ach, das möchte ich haben!“ Er war eben der Kronprinz, der schon alles hatte, und deshalb ging er wunschlos und ein wenig traurig durch das Gewimmel hindurch.

An einer Straßenecke standen zwei Kinder. Das größere Mädchen hielt in seinen blau gefrorenen, steifen Fingern einen Korb mit selbst gebastelten Christbaumsternen und mit bunten Papierketten, die es den Vorübereilenden schüchtern anbot. Der kleine Bub neben ihr hielt sich an den Falten ihres dünnen Röckchens fest, als hätte er Angst, in dem Gewühl verloren zu gehen. Immer wieder stampfte er in seinen viel zu großen zerrissenen Schuhen von einem Bein aufs andere, um sich warm zu machen.

Als der Kronprinz, der schon alles hatte, herankam, hielt ihm das Mädchen den Korb hin, zog ihn aber gleich wieder stumm zurück, da sie diesen vornehm gekleideten Herrschaften doch nicht den einfachen Schmuck anbieten konnte.

Der Kronprinz, der schon alles hatte, blieb aber vor den beiden stehen. Er schaute in den Korb, aber mehr noch in die Gesichter der beiden Kinder. Etwas Merkwürdiges lag auf ihnen, was er noch nie gesehen hatte. Nein, das waren gar keine Kindergesichter, kleine, alte Sorgengesichter waren das: Augen, die ernst und freudlos ins Leben schauten, ein Mund, der sich stumm über unerfüllbaren Wünschen schloss, und der ganze Ausdruck so hilflos und so traurig müde. Ob diese Kinder wohl lachen können, fragte sich der Kronprinz, der alles hatte, und nachdenklich blickte er auf die beiden, die schüchtern zu Boden schauten.

Da – plötzlich blühte in seinem Herzen, das nie etwas wünschte, leise ein Gedanke auf, und er wuchs und gedieh zu einem heißen, innigen Wunsch. Er wünschte sich, diese kleinen, stillen Sorgenleutchen beim Schopf zu nehmen und sie umzuwandeln in echte, wirkliche Kinder, in Kinder, die lachen können und singen und unbändig sein, die springen und hüpfen und Purzelbäume schlagen und richtige Dummheiten machen können.

„Ach, das wünsch ich mir, das möchte ich haben“, seufzte der kleine Kronprinz, der schon alles hatte, und mit leuchtenden Augen blickte er zur alten Hofmeisterin hoch, die ihm lächelnd zunickte.

„Wie heißt ihr und wo wohnt ihr“, fragte der Kronprinz, der schon alles hatte, und streichelte das blasse Gesicht des Mädchens. Der Bub gab verschämt Auskunft und die Hofmeisterin notierte alles auf. „Geht jetzt heim“, sagte der Kronprinz, „denn bald wird das Christkind zu euch kommen.“ Ungläubig blickten die Kinder auf die beiden und mit zögernden Schritten, sich immer wieder umblickend, machten sie sich auf den Heimweg.

Jetzt wurde der Kronprinz, der schon alles hatte, auf einmal ungeheuer geschäftig. Die alte Hofmeisterin, die im linken Bein der Rheumatismus plagte, konnte den flinken Schritten des Kronprinzen kaum folgen. Aber sie musste

Weihnachtsmarkt „Am Hof“ in Wien, 1875. Xylografie nach einer Zeichnung von A. Baldinger (LIZ)

mit, die Straße hinauf und die Gasse hinab in wohl fünfzig Läden. Und der Kronprinz, der schon alles hatte, kaufte Kleider und Hemden und Hosen und Schuhe und Strümpfe; und er besorgte Bücher und Spiele und er ließ sich einen saftigen Gänsebraten und einen noch viel größeren leckeren Christstollen einpacken. Und dann kaufte er noch Äpfel und Nüsse und einen wunderschönen Christbaum. Und die arme alte Hofdame musste ihm überall raten und aussuchen helfen, denn der Kronprinz, der schon alles hatte, fand sich allein nicht zurecht.

Schließlich schleppten die beiden so viele Pakete wie noch nie in ihrem Leben und zu guter Letzt mussten sie noch einen Dienstmann nehmen, der ihnen bei der mühsamen Arbeit behilflich war. Dann ging es vier Treppen hoch hinauf in ein armseliges Dachstübchen zu den Sorgenleuten, denen vor Staunen der Mund offen stehen blieb.

Es war schon sehr spät, als der Kronprinz, der schon alles hatte, mit der guten alten Hofmeisterin ins Schloss Nymphenburg zurückkam, wo der König und die Königin bereits mit der Bescherung warteten. Sie führten den Kronprinzen an den Tisch, auf dem seine Geschenke lagen und auf dem es von kostbaren Sachen nur so funkelte. Der Kronprinz, der schon alles hatte, blickte darüber hin. Vor seinen Augen stand das Bild, das er vor Kurzem sehen durfte, dort oben vier Treppen hoch in einem armseligen Münchner Dachstübchen. In seinen Ohren tönte noch das helle Hü und Hott, mit dem der kleine Bub das neue Pferdchen antrieb, hallte das fröhliche Lachen des Mädels, als es die Puppe im Arm wiegte, klang das glückliche Schluchzen der Mutter. Und der Kronprinz, der schon alles hatte, sah so strahlend aus, dass die Königin ihren Mann anstieß und ihm zuflüsterte: „Ich glaube, dieses Mal haben wir die Wünsche unseres kleinen Sohnes richtig erraten!"

Ganz müde von der vielen, vielen Arbeit, kam das Christkind spät abends in den Himmel zurück.

„Nun", bestürmten es die Engel gleich mit Fragen, „was war nun mit dem Kronprinzen, der schon alles hat? – Hast du ihm die Zauberpuppe gebracht, die eine ganze Geschichte erzählen kann? – Hast du ihm das weiße Kaninchen mit den drei Ohren geschenkt?"

„Diesmal", sagte das Christkind, „diesmal habe ich ihm etwas gebracht, was er noch nicht hatte", und lächelnd ließ es sich nieder auf den Stufen vor Gottes Thron.

Nach einem alten Märchen, um 1880,
nacherzählt von Alfons Schweiggert

Weihnachten mit König Ludwig II.

Kann man heute im 21. Jahrhundert tatsächlich noch mit König Ludwig II. das Weihnachtsfest feiern, das heißt, den Heiligen Abend angemessen im Geiste des Königs gestalten? Was ist dabei zu berücksichtigen und welche Rituale könnte ein derartiges „Weihnachten mit Ludwig II.“ beinhalten?

Von einer Familie, in der Vater, Mutter und Tochter begeisterte Ludwig-Anhänger sind – sie wollen allerdings hier nicht namentlich erwähnt werden –, habe ich erfahren, wie das vor sich geht, Weihnachten mit dem Märchenkönig zu feiern.

Geschenk für einen bedürftigen Menschen

Das Allerwichtigste ist dieser Familie das Beschenken eines notleidenden Menschen aus der nächsten Umgebung. Auch Ludwig II. dachte bekanntlich an arme Menschen. Es soll aber nicht für irgendeine Einrichtung Geld gespendet werden, sondern ein jeder der Familie kümmert sich um einen Menschen aus der Nachbarschaft oder der Gemeinde, beispielsweise um einen Obdachlosen, einen Rentner oder das Kind einer armen Familie. Denn Weihnachten im Sinn Ludwigs II. soll ein Fest der Nächstenliebe sein. Und dazu muss man unbedingt persönlich auf die jeweilige Person zugehen. Hinweise über diesen Personenkreis bekommt man durch karitative und kirchliche Einrichtungen.

Besonders häufig werden Bewohner von Altenheimen vergessen, denen man deshalb eine große Freude bereiten kann. Am besten ist, sich bei der Heimleitung nach einem Menschen zu erkundigen, der nie Besuch erhält oder der nur wenig Rente bekommt. Es gibt viele ältere Heimbewohner, für die ein Besuch von Angehörigen ein Fremdwort ist. Das Geschenk überreicht man dem betreffenden Menschen unbedingt persönlich. Es ist anrührend, mit welch großen und leuchtenden Augen einen solche Menschen anschauen. Die Dankbarkeit und Freude, die einem entgegengebracht werden, sind ein besonderes Erlebnis und Weihnachten bekommt dadurch eine andere, tiefere Bedeutung. Es ist ein Weihnachten im Geiste König Ludwigs II.

Ein Ludwig-II.-Geschenk

Natürlich beschenken sich auch die Mitglieder der Familie gegenseitig. Die Suche nach einer passenden Gabe beginnt frühzeitig und nicht erst in der Vorweihnachtszeit. Ein jeder in der Familie müht sich im Laufe des Jahres, ein Geschenk – aber wirklich nur eines! – ausfindig zu machen. Besonders schön ist es, wenn diese Gabe irgendetwas mit Ludwig II. zu tun hat.

So erfreut ein neues Buch über den König oder auch ein in einem Antiquariat entdecktes altes Werk, ein Ludwig-II.-Kalender oder ein Gegenstand, der sich auf den König bezieht, auch eine Ludwig-II.-Fotografie oder eine historische Postkarte, auf der eine Szene aus dem Leben des Märchenkönigs dargestellt ist. Die Suche danach, so die Auskunft, bereitet jedes Mal eine ganz eigene Freude. Kitschige Utensilien sind dabei allerdings tabu.

Der Christbaum „Ludwig II."

Natürlich wird auch der Christbaum mit Kugeln und Schmuck behängt, die etwas mit dem Märchenkönig zu tun haben. Mögen das manche auch für Kitsch halten, der besagten Familie macht es einfach Spaß und bisweilen sind sogar echte Christbaumschmuckraritäten darunter. Im

Christbaumschmuck mit dem Porträt Ludwigs II.

Lauf der Jahre hat sich in der erwähnten Familie mittlerweile folgender Christbaumschmuck angesammelt: eine Kugel mit dem Porträt Ludwigs II. und eine mit Sissis Konterfei – beides handgemalt – , dann die beiden Lieblingsvögel des Königs, der Schwan und der Pfau. Natürlich sind auch Kugeln dabei, auf denen die Königsschlösser gemalt sind, Neuschwanstein, Linderhof, Herrenchiemsee, Hohenschwangau und Schloss Berg, eine Kugel in Kronenform, eine rote Herzkugel, eine Goldkugel, eine dunkelblaue Kugel in Erinnerung an den königsblauen Mond in Schloss Herrenchiemsee und eine Kugel in Sonnenform im Gedenken an den Sonnenkönig Ludwig XIV., den Ludwig so sehr verehrte. Aber auch Zinnfiguren kommen an den Christbaum, so eine Darstellung der sechsspännigen Schlittenfahrt oder der auf einem Schimmel reitende König.

Mond in Herrenchiemsee

Das königliche Weihnachtsmenü

Zu einem „Weihnachtsfest mit König Ludwig II." gehört auch ein königliches Festmenü. Der Mundkoch Ludwigs II., Theodor Hierneis, berichtet in seinen Erinnerungen über die Lieblingsspeisen des Königs Folgendes:

„In Suppen war die Auswahl unbeschränkt. Neben der klaren braunen Consommé mit Einlage, wie Reis, Fadennudeln, kleinen Schinkenknödeln, Leberspätzeln und anderen gab es die sogenannten gebundenen Suppen, die Crème de gibier, die Wildpuree-Suppe oder die Crème à la reine, die Chicoréesuppe, Ochsenschweifsuppe, aber auch Brotsuppe, passiert und mit Eigelb und Rahm legiert, die dann mit einem verlorenen Ei serviert wurde [...]

Oft bekam der König auch Fisch, vor allem Forellen, Seezungen-Filets in Weinsauce, oder gebacken mit Kräuterbutter oder Remoulade, dem dann das besonders pfleglich zubereitete Ochsenfleisch folgen musste. Meist war es ein schönes Stück Roastbeef, das geschnürt drei bis vier Stunden langsam gar gekocht und in vier fingerdicken Scheiben serviert wurde. Recht beliebt waren auch Klopse, fein haschierte Fleischklößchen, haschierte Kalbskoteletts mit Champignons oder Kartoffelbrei, Eieromelette mit Spargelspitzen oder mit gewiegter geräucherter Ochsenzunge gefüllt, und im Frühjahr die feinen Kiebitz- und Möweneier, die sechs Minuten gekocht, mitsamt der Schale halbiert und mit frischer Butter auf einer Serviette zu Tisch gebracht wurden [...]

Geflügel und Wildbret kamen in allen Arten als Saisongerichte auf die Tafel. Rehziemer in Rahmsauce, Fasanen und Rebhühner in Speck gewickelt mit Johannisbeer-Gelee und Salaten, manchmal aber auch Kalbsbries eingemacht mit Risotto oder gebacken mit grünen Bohnen. Diese wurden ganz rasch blanchiert, damit sie die Farbe nicht verloren, und dann vor dem Auftragen nur mit frischer Butter geschwungen. Genauso wurden Broccoli behandelt, sie durften nicht zerkocht oder gar zerfallen sein, auch war Mehl als Bindemittel verpönt – nur am Schluss: frische Butter.

Der König war kein großer Trinker, er liebte die Qualität der Weine mehr als die Quantität. Neben seinem Gedeck standen eine Karaffe mit Pfälzer Wein und eine mit leichtem Bordeaux gefüllt. Zwischen den einzelnen Speisen bevorzugte er die besten Rheingauer Hochgewächse: Markobrunner, Geisenheimer, Hochheimer und Rauenthaler Berg. Sekt wurde nur bei besonderen Anlässen serviert. Dann gab es entweder Ruinart père et fils oder Moët et Chandon oeil de perdrix. Eine Spezialität war Cognac mousseux, ein echt französisches Erzeugnis, das auf alle Partien mitgenommen wurde, doch nur in kleinen Flaschen erhältlich war. Unter heftigem Moussieren wurde er in halbkugelförmige Gläser gefüllt, ein überaus feines Bouquet verbreitend, das der König sehr liebte. Sämtliche Weine und Spirituosen kamen aus der kgl. Hofkellerei, die über ein reich sortiertes Lager in- und ausländischer Erzeugnisse verfügte. Besondere Sorgfalt wurde auf die Pflege der Dessertweine verwendet.

Das Menü erfuhr der König erst aus der Speisekarte [...]"

Die Angaben von Theodor Hierneis bieten viele Anregungen, um ein „Weihnachtliches Festmenü à la Ludwig II." zusammenzustellen.

Das folgende Menü wurde nach Anregungen aus dem Buch „Speisen wie ein König" komponiert.

Weihnachtsmenü

Aperitif:
Trockener Champagner

Geflügelcremesuppe auf Kardinalsart
Sülzchen auf königliche Art
Toast und Butter

Gebratener Truthahn
mit Gemüsebouquets von
Spargel, Erbsen, Böhnchen
Karotten und Endivie

Feine Bratäpfel
Vanille-Eiscreme auf Wiener Art

Trockener Sherry
Frischer eleganter Weißwein
Kräftiger Weißwein
Mokka

Zwischen den Jahren – Silvester

Nach Heiligabend zog sich Ludwig II. gerne nach Schloss Linderhof im Graswangtal bei Oberammergau zurück, um das Jahr in aller Ruhe ausklingen zu lassen. Dieses kleinste seiner drei Königsschlösser liebte er sehr. Es ist auch das einzige, dessen Fertigstellung er noch erlebte. Ein Spaziergang in dem weitläufigen Schlosspark mit seinen exotischen Parkbauten wie dem Maurischen Kiosk, dem Marrokanischen Haus und der Einsiedelei des Gurnemanz schätzte Ludwig besonders. Auch ein Aufenthalt in der künstlichen Venusgrotte war für die Fantasie des Königs äußerst belebend. Von hier aus unternahm er auch winterliche Schlittenfahrten.

Nächtliche Schlittenfahrt im Winter

König Ludwig, der mit den Jahren die Nacht immer mehr zum Tage machte, liebte nächtliche Ausfahrten ganz besonders, und das auch im Winter. „Bei magischem Mondenschein durch den düstern, schneebedeckten Tannenwald!", lautete eine schwärmerische Tagebuchnotiz über eine nächtliche Schlittenfahrt.

Gewöhnlich stand der König erst gegen 17 Uhr auf und nahm sein Frühstück ein. Zwischen 20 und 22 Uhr empfing er den Kabinettssekretär zum Vortrag, worauf das Diner folgte. Je nach Lust und Laune unternahm er dann eine nächtliche Ausfahrt.

„Mondenglanz. Bei magischem Mondschein: wie zu einer Formel gerinnen in seinem Tagebuch so seine mächtigen nächtigen Erlebnisse", beschreibt das der Schriftsteller Fritz Linde. „Seine Stunde ist gekommen, wenn der Diener mit tiefer Verbeugung ins Zimmer tritt und in ersterbender Ehrfurcht ankündigt, dass der Mond soeben aufgegangen. Den Tag über hat Ludwig oft bei künstlichem

Winterliche Schlittenfahrt des Königs

Dunkel auf angstumschauertem Lager zugebracht, nun senkt sich der große Zauber hernieder, der sein Blut aufblühen lässt und ihm Mut macht zu seinem Traum."

Beim größten seiner vier Schlitten tragen Putten die Herrschafts- und Ruhmessymbole – Schwert, Zepter und Lorbeerkranz – und zuoberst eine Krone. Da der König allen technischen Neuerungen gegenüber aufgeschlossen ist, sind die Seitenlampen und die verglaste Krone elektrifiziert. Drei Glühbirnen werden von einer Chromschwefelsäurebatterie gespeist, die unter dem Sitz seiner Majestät in einem Kasten untergebracht ist. Der Schalter ist an der Rückseite des Kastens installiert, sodass der rücklings sitzende Kutscher ihn betätigen kann.

Neben dem Großen Schlitten gab es einen Kleinen Galawagen, der sich im Winter in einen Schlitten umwandeln ließ und sechsspännig gefahren wurde. Er eignete sich gut für Ausfahrten in die Umgebung der Schlösser Linderhof und Neuschwanstein. Daneben benutzte Ludwig noch einen vergoldeten Puttenschlitten, einen zweisitzigen Renaissanceschlitten, der nach seinen eigenen Entwürfen angefertigt wurde.

Es war schon ein märchenhafter Anblick, wenn sich der König für diese winterlichen Nachtfahrten in historische Kostüme kleidete und auch seine Vorreiter, Kutscher und Lakaien die Uniformen aus der Zeit Ludwigs XIV. tragen ließ.

„Vor dem Tor harren die märchenhaften Gefährte: Wagen im Sommer, im Winter Schlitten, bespannt mit drei Paar milchweißen Schimmeln, auf ihnen in strotzender Pracht die Reiter, gepudert, den Dreimaster auf dem Kopf, voraus der Vorreiter, eine Fackel in der Hand. [...] Überflutet vom Goldrausch ist der kleine offene Goldschlitten: den königlichen Glanz wirft eine große laternentragende Figur voraus“, schwärmt Fritz Linde.

Aber auch gespenstisch war das Bild, wenn der Monarch mit einem blauen Samtmantel und einem Samthut, den große weiße Straußenfedern schmückten, in seinem goldenen Rokokoschlitten durch die nächtliche Schneelandschaft glitt.

„Manchmal erscheint er in der Tracht des großen Ludwigs; Krone und Szepter müssen aus der Schatzkammer insgeheim herbeigebracht werden [...] Die Schellenkränze klingen auf, in sausender Fahrt geht es fort, durch den dunklen schneebedeckten Tannenwald. Wohin? Weit ... oft werden die Pferde unterwegs gewechselt! Durch nächtlich erstorbne Dörfer. Der König! Mit großen Augen stau-

Schlittenfahrt vor Schloss Linderhof

nen sie hinter den schmalen Scheiben der Hütten, holen die Kinder ans Fenster. Es überläuft sie. Das Wunder fährt an ihrer bescheidenen Tür vorbei ... Vorbei! Das Getrappel schluckt die Nacht, der Klang der Schellen stirbt, das Licht verlöscht. Der König!“ Manche Bergbauern, die im Mondenschein die vorbeirauschende Gruppe und den märchenhaft beleuchteten Schlitten beobachten, bekreuzigen sich.

Die Diener, die den König bei den nächtlichen Schlittenfahrten begleiten, haben es nicht leicht, wie Gottfried von Böhm berichtet: „Bei Wind und Wetter musste Stallmeister Hornig vom Pferde steigen und entblößten Hauptes die Hermelindecke des Königs zurechtrichten oder ihm eine Orange schälen. Ganze Nächte lang musste er ihm zu Pferde folgen und unzählige Male froren ihm die erstarrten Finger am Zügel an. Nur der reichliche Genuss von Likören verschaffte ihm etwas Wärme, wodurch er sich dann einigermaßen aufrecht im Sattel halten konnte.“

Manchmal wagt sich der König bei diesen nächtlichen Schlittenfahrten auch in unwegsames Gelände. Einmal, bei starkem Schneegestöber, erfasst den von der großen Kälte fast erstarrten Vorreiter, der den Weg nicht mehr vom Abgrund unterscheiden kann, bei dem Gedanken, der König könne verunglücken und er als Vorreiter trüge die Schuld daran, eine derartige Panik, dass er die Laterne von sich wirft und davonjagen will. Nur dem mutigen Stallmeister Hornig gelingt es, ihn wieder zur Besinnung zu bringen, womöglich wäre sonst der ganze Zug in einen Abgrund gestürzt.

Rettung in einer Winternacht

Nach dem Tod König Ludwigs II. erschienen zahlreiche, meist erdichtete rührselige Geschichten über den Märchenkönig. Eine davon verfasste Johanna Baltz (1849–1918) unter dem Pseudonym Joseph Bajovar mit dem Titel „Alpenrosen und Gentianen“. Dieser Roman erlebte immerhin 21 Auflagen. Er erzählt von der erfundenen Liebe des Freifräuleins Elisabeth von Rebach, die König Ludwig II. mit Alpenrosen und Gentianen für sich gewinnen will, worauf Ludwig tatsächlich mit den Versen reagiert:

„Rosen gibst du und Gentianen,
Scheues fremdes Kind!
Und durch meine Seele lind
Zieht ein wundersames Ahnen."

Doch dieses „wundersame Ahnen" endet im Unglück. Bei dem Versuch, den königlichen Freund in einer eisigen Winternacht vor dem drohenden Sturz in die Tiefe zu bewahren, zieht sich das Freifräulein eine tödliche Erkältung zu. Selbstlos bittet sie in der Todesstunde den König, sich ein Weib zu suchen, das ihn liebt und dem bayerischen Volk eine treu sorgende Königin sein kann.

Von diesem letzten rührseligen Ereignis, das sich kurz vor Weihnachten ereignet, erzählt der folgende Ausschnitt.

Unter dem Torbogen von Rebach stand eine Mädchengestalt und horchte angestrengt in die Nacht hinaus. Der Schnee fiel in feinen Flocken unaufhörlich nieder, und seine Sternchen bildeten in dem Goldhaar der Lauschenden ein flimmerndes Diadem. Da, horch – Schellengeläute – ein prächtiger Schlitten fliegt auf dem Waldwege daher; das Fackellicht entreißt ein Paar blitzender Männeraugen, eine winkende weiße Hand auf einen Augenblick der Dunkelheit, dann verschwindet alles wie eine Vision: König Ludwig fährt hinauf ins Gebirge.

Elisabeth bleibt an den alten Torbogen gelehnt und hört, wie das Schellengeläute in der Ferne verklingt; ihre Gedanken begleiten den, der so einsam dahinsaust in die Waldesnacht. – Jetzt muss er schon hoch über Rebach sein; da horch – ein furchtbares Gekrach! Sie steht wie zu Stein erstarrt, dann ringt sich ein wilder Angstschrei von ihren Lippen. Der Felsblock am Eingange der wilden Klamm – wenn er, vom Schnee gedrückt, hinabgestürzt wäre?! Der Schlitten würde bei der Rückkehr, um den gewohnten sichern Halt betrogen, ebenso hinabstürzen in die grässliche Tiefe. Entsetzlich! Ein zweiter Schrei. Elisabeth reißt den feinen Spitzenshawl von den Schultern, schlingt ihn ums Haupt und stürmt dahin, dem Wege zu, den der Schlitten genommen und den er zur Heimfahrt benutzen wird. König Ludwig muss gewarnt werden, ehe das Fahrzeug der eingestürzten Stelle nahe kommt, sonst ist er verloren!

Dieser Gedanke kreist fieberhaft in ihrem Kopfe und verleiht ihren Füßen Flügel. Dennoch – wie langsam sie vorankommt! Ist nicht eine Ewigkeit vergangen, seit sie den Krach vernahm, und noch immer – endlich, endlich, hier ist der Eingang in die Klamm. Und wie sie's geahnt, so ist es geschehen: der Felsblock, der hier den Weg bildete, ist hinabgestürzt, tief hinab in die Schlucht.

Elisabeth schaudert und dankt Gott in einem stillen Gebete, dass sie zur rechten Zeit gekommen ist und dass sie so genau die Wege kennt, bergauf, bergab. Vorsichtig klimmend steigt sie empor bis zu einer Biegung des Weges. Von hier aus geht ein zweiter Pfad zu Tal, und ehe hier die Wege sich teilen, ist eine kleine Steigung, sodass der Schlitten langsamer fahren muss und die Insassen ihren warnenden Ruf hören können. Tief aufatmend schaut sie um sich. Ja, ihr königlicher Freund hat recht: es ist zauberisch in der verschneiten Einsamkeit! Alles so weiß und still, nur die Tannen dunkel ernst dazwischen. Jetzt stieg über den hohen Wipfeln der Mond auf und veränderte mit einem Schlage das Bild. Silbernen Pfeilen gleich flogen seine Strahlen niederwärts und entzündeten ringsum ein wunderbares Leuchten und Flimmern. Wie von tausend Sternen blitzte es vom schneebedeckten Boden auf, funkelte es von den feinen Buchen- und Birkenzweigen, welche des Eises schimmernder Schmuck bedeckte. Und so weit das Auge reichte, ragende Felsstirnen und Berghöhen, zwischen ihnen die glänzenden Flächen der beeisten Seen. Es war ein Bild von wundersamer, geheimnisvoller Erhabenheit.

Elisabeth schaute lange trunkenen Blickes darauf hin, dann begann sie hin und her zu gehen. Wie kalt es von den Bergen wehte! Jetzt fühlte sie es erst, und fröstelnd zog sie das Spitzentuch fester – ach, es gewährte nur geringen Schutz.

Die Zeit verrann; eisige Kälte umfing das Mädchen, und ihre Glieder, der heftigen Anstrengung nicht gewohnt, erschlafften. Ob sie sich an jene Tanne lehnte, um auszuruhen? Nein, sie könnte einschlafen, es war ihr so traumselig zu Mute, die Augen schmerzten von all dem Funkeln und Blitzen ringsum und hätten sich so gerne geschlossen. Und sie musste ja wachen, wachen für seine Sicherheit, sein Leben! Bleierne Müdigkeit schlug sie immer fester in Bann; trotzdem wanderte sie ruhelos hin und her, denn sie begann zu erstarren. Die Zeit verrann; Elisabeth schlang die bebenden Finger ineinander und begann heiß und inbrünstig zu beten um Rettung für ihn, für sich. Wenn sie hier erstarrte, wer war dann zur Stelle, ihn zu warnen?

Eine Sternschnuppe fiel im leuchtenden Bogen bis hinab zum Schwanensee – war es ein gewährendes Zeichen auf ihr heißes Flehen? Horch, ganz leises Läuten in der Ferne. Neue Lebenswärme durchströmte Elisabeths Adern, eilig schritt sie hin und her. Näher und näher kam das helle Geläut – o Gott, deiner Barmherzigkeit sei Dank – es war des Königs Schlitten! Mit Aufbietung ihrer letzten Kräfte rief das Mädchen ein lautes „Halt“. Der Schlitten hielt – in kurzen Worten teilte sie mit, was geschehen, dann sank sie leblos in den Schnee.

Außer sich vor Schrecken, kaum noch das Erlebte fassend, sprang König Ludwig aus dem Schlitten, hüllte die Ohnmächtige, deren bleiches Gesicht die Fackel unheimlich beleuchtete, in seinen Pelz, und sausend ging's durch die Nacht auf sicherem Wege nach Rebach.

Am nächsten Morgen lag Elisabeth im heftigsten Fieber, in wilden Fantasien. Ihr zarter Körper war den Anstrengungen der verflossenen Nacht nicht gewachsen; und noch immer schüttelte ihn, mit brennender Glut abwechselnd, die furchtbare Kälte, der Frost, welcher diese holde Blume brechen, zerstören wollte. Zwei Wochen lang schwebte sie zwischen Leben und Tod, dann trat eine ganz wunderbare Wendung zum Bessern ein. Der Arzt schüttelte den Kopf, gestattete aber doch seiner Patientin, das Bett zu verlassen, da sie so innig darum bat und, in die Kissen gebannt, eine so seltsame Unruhe zeigte. Nun saß sie im traulichen Erkerzimmer, das Ludwig in einen Blumengarten verwandelt hatte. Frühlings- und Sommerblumen umdufteten sie, nur der Jasmin fehlte!

Wie Ludwig seiner Lebensretterin gedankt, hat niemand erfahren, denn da kniete er allein zu ihren Füßen und hielt die schmalen weißen Hände in den seinigen.

Die Krankheit hat Elisabeths Schönheit noch gehoben, den rührenden Zug, den dieselbe immer besaß, stärker hervortreten lassen. Wie ein süßes, blasses Heiligenbild lehnt sie am Fenster, und die Wintersonne flicht ihrem Goldhaar einen Strahlenkranz.

König Ludwig ist täglich in Rebach; die wenigen, die seine Besuche dort erfahren, finden es natürlich, dass der königliche Nachbar das kranke Edelfräulein besucht. Und was jene zwei dort reden, bleibt ihr Geheimnis.

So kam das Weihnachtsfest heran; die schneebedeckte Erde glich einer Herrscherin im königlichen Hermelin und reichem blitzendem Demantschmuck. Der Heilige Abend war in Rebach eine stille und liebliche Feier. Vor dem Schlosstor standen ein paar ärmlich gekleidete Kinder zum „Christkindlessingen“. Sie hielten die Händchen unter der Schürze versteckt und trippelten mit den kleinen Füßen. Aber die Stimmchen klangen hell und frisch, als sie das uralte Weihnachtslied sangen von den Hirten, die einander erzählen, was in der Heiligen Nacht Wunderbares geschehen, und welches anfängt:

Holla, Jackl, was ist das?
Ich meine schier, ich hör etwas –
Was soll der G'sang bedeuten?
's ist viel zu früh zum Taganläuten!

Elisabeth horchte mit wehmütigem Lächeln auf den Gesang; der Christbaum breitete seine lichtstrahlenden Äste aus, und unter ihm lag ein prachtvoller Strauß aus Alpenrosen und Gentianen.

Monika betrachtete ängstlich die junge Schwester, welche so matt in ihrem Sessel lehnte und deren leiser, unaufhörlicher Husten sie so sehr ängstigte. Schon häufiger hatte sie versucht, dem König ihre Besorgnisse mitzuteilen, aber er wehrte sie ängstlich ab, als sei es ihm unmöglich, an eine Gefahr für die geliebte Freundin zu glauben. Sie hatte auch heimlich mit dem Arzte geredet, und der hatte ihr erwidert, dass er schon bei Elisabeths Erkranken gar keine Hoffnung für ihre Genesung gehabt, aber auch, dass ihre plötzliche sichtliche Erholung ihn in seinem Urteil unsicher gemacht habe. „Freilich", schloss der erfahrene Mann, „eine nervöse, fein organisierte Frauennatur ist und bleibt unberechenbar!"

„Am nächsten Weihnachtsabend", sagte plötzlich die Kranke, „werde ich dort von den glitzernden Sternen aus zu euch herabsehen, und –"

Ludwig, der bis dahin, neben dem Christbaum sitzend, Elisabeths durchgeistigtes Gesichtchen sinnend angeschaut, als wolle er ihre Gedanken erraten, sprang heftig auf:

„Was für Worte das sind! Wie können Sie es übers Herz bringen, so Entsetzliches auszusprechen?"

Sie legte beschwichtigend ihre Hand auf die seine und bat ihn, an ihrer Seite niederzusitzen.

„Warum in Täuschungen leben, mein Freund? Ich fühle es hier innen so deutlich, dass meine Stunden gezählt sind, fühlte es vom ersten Tag der Krankheit an. Das war der Grund, weswegen ich so dringend verlangte, aufstehen zu dürfen; ich wollte diese wenigen Augenblicke auskosten. Wenn ich die letzten Münzen aus meinem Schatze zähle, wer will mirs verdenken, wenn ich wünsche, dass es Goldmünzen seien?"

Großer Gott, redete sie wahr? Ludwig schaute sie an mit verzehrenden Blicken, und als würde ein Vorhang vor seinem Geiste weggezogen, so sah er nun, wie schwach und bleich sie war, wie mühsam sie atmete und welch fieberhafte Röte in schnellem Wechsel ihre Wangen überflog.

Er zitterte. War es möglich, sollte er sie verlieren? War das bittere Ende nahe? Hilfesuchend schaute er auf [Elisabeths Schwester] Monika. Diese hielt weinend das Gesicht in den Händen verborgen – sie hatte es ja längst gewusst!

Elisabeth bewahrte eine heitere Ruhe. „Hört mich an", sprach sie mit weicher Stimme, „ich will euch ein Märchen erzählen:

Es war einmal eine häßliche Prinzessin, die suchte das Glück und konnte es nirgends finden. Sie durchreiste die ganze Welt, und manchmal glaubte sie es an seinen goldenen Flügeln zu halten. Aber immer war es eine Täuschung. Da kam sie eines Tages in einen dichten Wald, in dem ihr eine Zauberin entgegentrat.

‚Wohin wanderst du?', fragte die Zauberin.

‚Ich suche das Glück', erwiderte die Prinzessin, ‚aber nicht eines, wie alle es haben können, nein, ein großes, unendliches, unermessliches Glück!'

Die Hexe lächelte: ‚Welchen Preis zahlst du dafür?'

‚Jeden!'

‚Wohl, so sollst du deinen Willen haben!'

Da musste die Prinzessin einen starken Trank trinken, der sie alsbald in Schlaf versenkte. Als sie erwachte, befand sie sich in einer einsamen Hütte am Ufer eines Flusses und nahe bei einem großen Walde. Sie trug ein grobes graues Gewand, aber sie fühlte sich leichtherzig und froh und sang und spann den ganzen Tag. Als sie abends zum Flusse Wasser schöpfen ging, sah sie, dass sie jung und wunderschön war. Da erklang Horngeschmetter und Hufschlag, und sich umwendend, erblickte sie eine glänzende Hofgesellschaft. In ihrer Mitte ritt der Prinz in einer goldenen Rüstung. Als er sie gewahrte, stieg er vom Pferd, ergriff ihre Hand und führte sie mit fort in sein Königreich. Nun hatte sie das Glück gefunden, und es war so reich und so unermesslich groß, dass ihr schwindelte ob solcher Seligkeit.

Aber als ein halbes Jahr verflossen war, fühlte sie, dass sie sterben musste. Sie ließ die Zauberin zu sich rufen, doch diese sagte ihr:

‚Ich habe keine Rettung für dich – du musst sterben! Den Inhalt eines ganzen Lebens, das Glück, das, in viele kleine Teilchen geteilt, für ein langes Dasein hatte dienen müssen, habe ich dir in eine kurze Spanne Zeit gebannt. Es ist nichts übrig geblieben – du musst deine Schuld zahlen!'

Und die Prinzessin sprach lächelnd: ‚Ich zahle sie gern! Mein unendliches Glück ist mit dem Leben nicht zu teuer erkauft.'

Dann starb sie."

Die Erzählerin hatte mit immer leiserer Stimme gesprochen; die letzten Worte verwehten wie ein Hauch. Leichenblässe bedeckte ihre Wangen, und ihre holden Züge veränderten sich jäh. Die Flügel des Todesengels rauschten durchs stille Gemach.

Doch was so lange verschwiegen geblieben, jetzt brach es mit unhemmbarer Gewalt hervor. Ludwig warf sich neben Elisabeth nieder und umschlang sie mit beiden Armen. Wie ein Lavastrom flossen die Geständnisse der heißesten Liebe von seinen Lippen. Er sagte ihr, was sie ihm gewesen, wie sie ihn, einem guten Geiste gleich, zum Guten geführt und vor dem Bösen bewahrt habe. „Und auch du liebst mich, Elisabeth! Sage es mir einmal, damit ich dies Geständnis mitnehme in das lange, öde, einsame Leben!"

„Unsäglich!", hauchte die Kranke; „und das hohe, reiche, unermessliche Glück, du hast es mir gegeben! Aber rede nicht von einem einsamen Leben; versprich mir, zu suchen und zu forschen, ob du ein weibliches Wesen findest, das dich versteht, in welchem du dir selbst ein geliebtes Weib, Bayern eine treue Mutter gewinnen kannst!"

Ludwig neigte stumm das Haupt und Elisabeth legte segnend die Hände auf seine prächtigen dunklen Locken.

„Lebe wohl", flüsterte sie, „der Tod vereint, was der Tod scheidet!" Dann sank sie zurück. Monika rang in tränenlosem Schmerze die Hände; tiefe, heilige Stille herrschte im Gemach.

Mit dem letzten Licht des Tannenbaumes erlosch auch Elisabeths Lebenslicht. Der Todesengel trug ihre reine Seele hinauf durch das Sternfunkeln zur Feier der himmlischen Christnacht.

Die letzte Silvesternacht König Ludwigs II.

Der 31. Dezember 1885 sollte der letzte Jahreswechsel sein, den König Ludwig erlebte. Längst hatte das Ministerium seine Entmündigung beschlossen. Die Schulden für seine Schlösser, sein exzentrischer Lebenswandel, die Tat-

Ludwig II. einsam im Söller – letztes Silvester

sache, dass er sich immer mehr in die Berge zurückzog und sich kaum mehr in München sehen ließ, all das hielt man für nicht normal. Sein Schicksal war damit besiegelt. In wenigen Monaten wollte man den König für unzurechnungsfähig erklären lassen und ihn dann seines Thrones berauben, aber dieses Vorhaben endete bekanntlich in der Katastrophe mit dem Tod des Königs im Starnberger See.

Ludwig ahnte sicher, was auf ihn zukam, aber noch verdrängte er das nahende Unheil. Welche Gedanken gingen ihm beim Jahreswechsel 1885/1886 wohl durch den Kopf? Wie verbrachte er die letzten Stunden des schwindenden Jahres?

Peter Dörflinger versuchte in seinem Büchlein „Ludwig II. – Ein Königstraum“ diese letzte Silvesternacht in einem kleinen Gedicht einzufangen.

Schlittenfahrt Ludwigs II. in der Silvesternacht 1885

Schon winkt des Jahres letzte Stund,
Geheimnisvoll die Sterne flammen,
Da sitzt in froher Zecherrund
Man gern erwartungsvoll beisammen.
Und wenn vom Turm die Glocke dröhnt,
Den Zeitenwechsel anzusagen –
Sieh, mit dem alten Jahr versöhnt
Des neuen dunkle Pforten ragen!

Der König nur, der einsam sinnt,
Blickt auf zum sternbeblühten Himmel,
Dann ruft er laut: Lakai, geschwind
Besorg den Schlitten und die Schimmel!
Da flammen Fackeln, Pferdehuf
Klingt silbern durch des Schlosshofs Mitten,
Von Mund zu Mund ein leiser Ruf –
Schon sitzt der König weich in Schlitten.

Schlittenfahrt vor Schloss Neuschwanstein

Und kling-kling-klang hinunter geht
Die Fahrt durch das Spalier der Tannen,
Hohl klingt ins Ohr der Majestät
Ein Käuzchenruf von irgendwannen.
Und kling-kling-klang die weiße Pracht
Durcheilt gespensterhaft der Schlitten,
Es träumt der König in die Nacht
Sein stummes Weh, das er gelitten.

Die Fackeln glühn, millionenfach
Sprühn Flämmchen aus den Eiskristallen,
Und von des Tannichts Silberdach
Die Glöckchen leise widerhallen.
Und kling-kling-klang ins Dorf hinein
Ist schon der Zauberzug geglitten,
Manch trunkner Blick folgt hinterdrein
Der Majestät im goldnen Schlitten.
Dann kling-kling-klang den Weg zurück
Gehts durch die Winternacht, die kalte,
Ein Märchenreich, sein stilles Glück
Umgibt den König rings im Walde.
Das Kling-kling-klang singt wunderbar
Ihm von des alten Jahrs Entgleiten –
Ach, König, bald im neuen Jahr
Wird man dir Totenglocken läuten!

Silvester-Lotterie

Eine große Lotterie zu Silvester war damals im Königshaus üblich. So äußerte Ludwig am 31. Dezember 1861 in einem Brief an seinen Vetter Prinz Wilhelm von Hessen-Darmstadt: „Ich schreibe Dir am letzten Abend des Jahres. Die Mutter ist jetzt in d. Kirche, d. Vater im Theater: ‚Der Diamant d. Geisterkönigs'. Er war, glaube ich, früher in d. Kirche. [...] Morgen sind wir auch beim Familien-Diné, d. ersten seit Euch, dabei. Ich werde viel an Euch denken, zum ersten Male Champagner seit Euch. Heute Abend wird bei den Eltern große Lotterie, wie gewöhnlich diesen Tag. Wir werden Punsch trinken. [...] Gratuliere Allen v. mir zum neuen Jahr. Dir wünsche ich recht viel Glück u. Segen! Dein treuer Vetter Ludwig."

Was es bei der Silvester-Lotterie zu gewinnen gab, auch darüber berichtet Ludwig ein Jahr später, am 31. Dezember 1862: „Sehr schöne Sache[n] sind zu gewinnen: Vasen, Knöpfe, Broschen, Tische, eine Uhr etc. etc., es sieht ganz aus wie ein Weihnachtstisch, da in der Mitte ein Baum ist, in bunten Tüten rings am Tische angeheftet, sind die Loose." Ein Gewinn verhieß dem Glücklichen auch ein gutes und erfolgreiches neues Jahr.

Das neue Jahr beginnt

Der Beginn des neuen Jahres wurde auch im bayerischen Königshaus feierlich begrüßt und wieder, wie schon an Weihnachten, waren alle Angehörigen der königlichen Familie – neben den engsten Verwandten auch die Bediensteten – einbezogen. Außer dem Neujahrs-Anwünschen galt es vor allem Empfänge zu absolvieren und an Festlichkeiten, wie Neujahrskonzerten, teilzunehmen.

Wie man einem König ein gutes neues Jahr wünscht

Einem König wie Ludwig II. konnte man nicht einfach mit spröden Worten alles Gute zum neuen Jahr wünschen. Wie dies in aller Ehrfurcht zu geschehen hatte, zeigt der Schluss des Briefes von Cosima Bülow, Wagners späterer Frau, den diese am 30. Dezember 1865 an Ludwig II. sandte:

Richard Wagner

Cosima Wagner

Erhabener König!
Theurer Herr! Gnädiger gütiger Gebieter!
Schutz und Schirm!

[...] Mit einem Neujahrswunsch schliesse ich [...] Der schönste Segen des Himmels ruhe auf Euerer Majestät theures Haupt! Die Feinde des Lichtes und Euerer Majestät göttlichen Sendung seien zerstoben. Die Gerechtigkeit strahle in Milde durch Euerer Majestät's Antlitz, das durch Gott geweihte Leben Euerer Majestät, siegend schreite es von That zu That! Mir erwünsche ich nur mich in dem kommenden Jahre noch nennen zu dürfen

Euerer Majestät
treu gehorsamste Dienerin
Cosima von Bülow-Liszt

Verlosung am Neujahrstag

„Am Neujahrstag", so Gottfried von Böhm, „erschien die Königin mit einer Menge reizender Geschenke und veranstaltete eine kleine Verlosung. Dabei durften die Prinzen mithelfen. Kronprinz Ludwig war schon als Kind großzügig und freigiebig. Es machte ihm viel Freude, andere zu beschenken. Und was für ein gutes Herz Kronprinz Ludwig besaß, bewies er, indem er einer Kleinen, die nur einen ‚Hanswurstl' [also eine Niete] gezogen hatte, sofort ein niedliches Flacon überreichte. [...]", so, als sei dies ihr Gewinn. Schon als Kind versuchte er stets, andere vor Enttäuschungen zu bewahren.

Ludwigs Neujahrswünsche

Wie innig Ludwig seine Neujahrswünsche formulierte, zeigt der Brief vom 31. Dezember 1862 an seinen Vetter Prinz Wilhelm von Hessen-Darmstadt:

„Mein lieber Wilhelm!

Zum neuen Jahre wünsche ich Dir recht von Herzen recht viel Glück [und] Segen, könnte uns doch das kommende wieder zusammenführen! Ich schreibe Dir am Sylvesterabende selbst, jetzt ist es ½ 7 Uhr also wenig[e] Stunden nur mehr und das neue Jahr beginnt, die Mutter ist eben mit Tante Amelie u. Prinz Elimar, der gestern ankam, in d. Kirche [...] Bald wird d. Mutter zurückkommen; wir trinken wahrscheinlich Punsch, auch werde ich in meinem geliebten Wagner lesen, herrlich ist sein Buch geschrieben. Nochmals gratuliere ich von Herzen Euch Allen, Allen [...] Eben lasen wir eine schöne Betrachtung zum Schlusse des Jahres."

Oder am 29. Dezember 1863:

„Aus ganzem Herzen wünsche ich Dir recht viel Glück u. des Himmels reichsten Segen zum neuen Jahr! – Möge das Kommende Dir recht viel Freude bringen. Dieß mein herzlichster Wunsch für Dich, lieber Wilhelm."

Und am 4. Januar 1868 erwiderte Ludwig „die Glücks- u. Segenswünsche zum neuen Jahre" mit den Worten: „Mögest Du nur Freude, die kein Kummer, keine Sorge je trübe, in demselben [Jahr 1868] erleben, auch mir wird das vergangenen Jahr ewig unvergeßlich bleiben, das theure Jahr in dem ich so schöne Tage mit Dir, geliebter Bruder verlebte."

Ähnlich poetisch klingen die Neujahrswünsche an seine geliebte ehemalige Erzieherin Frau von Leonrod, die er ihr zum Jahreswechsel 1874/75 sandte:

„Dem Zuge meines Herzens folgend spreche ich Dir für die guten Wünsche, welche Du aus Anlaß des Jahreswechsels an mich gerichtet hast, hiermit persönlich meinen innigsten Dank aus. – Es drängt mich, Dir gleichfalls zum Neuen Jahre meine wärmsten, aufrichtigsten Glücks- u. Segenswünsche aus Grund der Seele auszurücken. Möge das Jahr 75 ein in jeder Hinsicht Freude bringendes für Dich werden, Kummer, Sorgen und Krankheit für immer fern von Dir fliehen!"

Dank für treue Dienste zum Jahreswechsel

Luise von Kobell war stolz, dass ihr Mann am 1. Januar 1875 folgenden „ehrenvollen Brief vom König" erhielt, der sich nach Weihnachten auf einige Tage nach dem Linderhof begeben hatte:

„Mein lieber Staatsrat von Eisenhart!

Für Ihre mir so warm ausgedrückten Glückwünsche aus Anlass des Jahreswechsels, von denen ich weiß, dass sie von Herzen kommen, spreche ich Ihnen meinen besten und aufrichtigsten Dank aus.

Ich wünsche Ihnen gleichfalls zum neuen Jahre recht viel Glück und Segen.

Es drängt mich bei diesem Anlasse Ihnen für die im Jahre 1874 geleisteten treuen Dienste Meine vollste Anerkennung und meinen Dank auszusprechen und die Hoffnung hinzuzufügen, Sie möchten mir noch recht lang ebenso treu und ersprießlich dienen, wie im verflossenen Jahre.

Ich grüße Sie vielmals, mein lieber Staatsrat von Eisenhart, und bleibe mit bekannten Gesinnungen

Ihr wohlgewogener
König"

Gratulationsvisiten am Neujahrstag und Neujahrsempfang

Am Neujahrstag machte die königliche Familie „bei den Verwandten Gratulationsvisiten". Tags darauf gab es das „Familiendiné" und ein „großes salut du thrône, eine Unzahl von Menschen kommen dazu, ich denke es mir schrecklich von einer solchen Menge die Hand küssen zu lassen, wie d. Mutter, es nimmt kein Ende. ... Der erste Tag im Jahre vergeht mit Visiten machen u. Empfängen." Und „abends viele Vorstellungen und Hofkoncert", so äußerte sich der König.

Das Christbaumableeren

Am 2. Januar war es Brauch, den Christbaum abzuleeren. Nach dem Mittagessen durften die Prinzen die vor Weihnachten selbst eingewickelten Bonbons und alles andere Essbare vom Baum abnehmen. Diese Süßigkeitenschlacht war natürlich ein großes Vergnügen für die Königskinder.

Bisweilen blieb der Christbaum aber auch bis Heilig Drei König oder sogar bis weit in den Januar hinein stehen, wie dies Ludwig mehrfach vermerkte. War dann der Christbaum aber abgeleert und aus dem Zimmer gebracht, dann war die Weihnachtszeit endgültig zu Ende.

Der vierte König

Zahlreiche Porträts Ludwigs II. zeigen üblicherweise eine hoch aufgerichtete, stolze Herrschergestalt. So präsentiert er sich etwa auf dem berühmten Gemälde von Karl Piloty in Generalsuniform mit dem Krönungsmantel und auf einem anderen Bild als Großmeister des St. Georgiritterordens.

Ludwig II. kniet vor der Patrona Bavariae. Votivbild von Joseph Knabl in der Kapelle der Burg Trausnitz in Landshut

Nur eine einzige Darstellung gibt es, in der sich der König klein und demütig zeigt. Sie befindet sich verborgen in der Burgkapelle der Burg Trausnitz in Landshut. Zwar ist der König auch auf diesem Votivbild von Joseph Knabl in der Georgiritter-Tracht dargestellt, doch dieses Mal nicht als Monarch in Herrscherpose, sondern demütig kniend vor dem Jesuskind, das Maria, die „Patrona Bavariae", auf ihrem Schoß hält.

Das Gotteskind als König des Himmels und der Erde heißt Bayerns König, der ganz nahe vor ihm kniet, mit offenen Armen willkommen. Ludwig II. blickt ihm ehrfurchtsvoll in die Augen. Er wirkt hier nicht wie ein Herrscher, sondern wie ein bescheidener, einfacher Mensch. Seine linke Hand drückt er an die Brust, wo sich sein Herz befindet. Es ist eine anrührende Szene, in der sich Ludwig II. gleichsam als der vierte der Heiligen Drei Könige offenbart.

Beim Blick auf diese ergreifende Darstellung wird man daran erinnert, dass Ludwig II. angeordnet hatte, dass nach seinem Tod sein Herz in einer Herzurne in die Gnadenkapelle nach Altötting zu bringen sei. Dadurch demonstrierte er seine tiefe Verbundenheit mit der Gottesmutter Maria und dem Gotteskind, wie dies auch schon seine Vorgänger im Königsamt taten. Fast ist es eine Krippendarstellung in der Trausnitzer Burgkapelle, die Ludwig II., in Anbetung des Gotteskindes versunken, als einen zutiefst gläubigen König vor Augen führt.

Wie Ludwig II. den Berger Kindern das Christkind vom Himmel heruntergeschickt hat

Der Schriftsteller Oskar Maria Graf berichtet in seinem Buch „Dorfbanditen. Erlebnisse aus meinen Schul- und Lehrlingsjahren", warum Ludwig II. nach seinem Tod bei den Bewohnern von Berg und ganz besonders bei den Berger Kindern so unvergesslich wurde.

Da gab es nämlich eine unbekannte höhergestellte Dame, die gleich nach dem Tod des Königs 1886 eine Stiftung machte, „demzufolge wir Berger Kinder", so O. M. Graf, „alle Jahre bei einer eigenen Gedenk Christbaumfeier beschenkt wurden. Es lässt sich also denken, dass eine so mildtätige Sache auf unsere Ludwigs-Anhänglichkeit am meisten gewirkt hat. Erstens haben wir als einzige Bäckerei und Konditorei am Orte [Grafs Vater war Bäcker] eine Unmasse Gebäck liefern müssen, zweitens hat der Metzger von Aufkirchen für die Feier korbweise Würste und Fleisch angebracht, drittens hat der Gärtner für die Ausschmückung des Saales seine Einnahme gehabt, viertens ist bei dem Wirt, wo alles stattfand, ein Geschäft gegangen, das wo sich verschiedene gewünscht hätten, und endlich fünftens hat jedes Kind zwei Paar Dünngeselchte gratis gekriegt, hernach einen vollbehangenen Christbaumzweig, außerdem ein Kleidl, ein Paar Strümpfe, Spielsachen, schöne Rosenkränze oder ein Gebetbuch, und wenn eines davon ein Gedicht aufgesagt hat, sind ihm bare 50 Pfennig stiftsgemäß ausbezahlt worden.

Sowas kann man doch gewiss einen reellen Segen heißen, und wenn – was selbstredend dazugehörte – der hochwürdige Herr Pfarrer und der Bürgermeister ihre Reden, die wo alle Jahre gleich waren, mit den schönen, erhebenden Worten beendet haben:

‚Und so thronet seit anno 86 Seine Majestät, unser unvergessener Bayernkönig Ludwig der Zweite, im Himmel droben an der Seite Gottes und schaut heute mit besonderer Liebe auf uns Berger und auf euch Kinder herab, denen er das Christkind geschickt hat, auf dass wir einstimmen – Seine Majestät, König Ludwig der Zweite, er lebe hoch! Hoch! Hoch!‘, da war natürlicherweise kein Auge nicht trocken, und jeder hat ‚Hoch‘ geschrien, dass der ganze Saal gezittert hat."

Literatur

Adalbert Prinz von Bayern: Nymphenburg und seine Bewohner. München 1949

Adalbert Prinz von Bayern: Als die Residenz noch Residenz war. München 1967

Bajovar, Joseph: Alpenrosen und Gentianen. Eine Episode aus dem Leben König Ludwigs II. von Bayern. Stuttgart 1991

Baumgartner, Georg: Königliche Träume – Ludwig II. und seine Bauten. München 1981

Below, Ludwig: Dem Toten die Ehre – Entsiegelte Dokumente. München 1926

Bertram, Werner: Der einsame König – Erinnerungen an Ludwig II. von Bayern. München 1936

Blunt, Wilfried: König Ludwig II. von Bayern. München 1970

Böhm, Gottfried von: Ludwig II. König von Bayern. Sein Leben und seine Zeit. Berlin 1924

Böhm, Christiane: Wie lebten Prinzen und Prinzessinnen in Wirklichkeit? Oder Erbsen ohne Ende! Kinderalltag im bayerischen Königshaus. München 2010

Böhm, Christiane: „... dein treuer Freund Ludwig“ oder Warum auch ein König keinen Elefanten bekam. Eine Biographie König Ludwigs II. für Jung und Alt. München 2011

Dörflinger, Robert: Ein Königstraum – Ludwig II. München o.J.

Dörflinger, Robert: Ludwig II. – Was ihn prägte. Augsburg 1983

Eisert, Beatrice: Ludwig II. Leben – Wirken – Sterben. Verlag Unverhau, München 1979

Evers, Hans Gerhard: Ludwig II. Theaterfürst – König – Bauherr. München 1986

Graf, Oskar Maria: Dorfbanditen. Erlebnisse aus meinen Schul- und Lehrlingsjahren. Berlin 1932

Gregor-Dellin, Martin u.a.: Ludwig II. Die Tragik des „Märchenkönigs“. Regensburg 1986

Grein, Edir (Hrsg.): Tagebuch-Aufzeichnungen von Ludwig II. König von Bayern. Schaan/Liechtenstein 1925

Haasen, Gisela: Ludwig II. – Briefe an seine Erzieherin. München 1995

Hacker, Rupert: Ludwig II. von Bayern in Augenzeugenberichten. Düsseldorf 1966

Hausner, Hermann M.: Ludwig II. von Bayern. Berichte der letzten Augenzeugen. München 1961

Heigel, Karl von: König Ludwig II. von Bayern, Ein Beitrag zu seiner Lebensgeschichte. Stuttgart 1893

Herre, Franz: Ludwig II. von Bayern – Sein Leben – Sein Land – Seine Zeit. Stuttgart 1986

Hojer, Gerhard (Hrsg.): König Ludwig II. – Museum Herrenchiemsee. München 1986

Hollweck, Ludwig: Er war ein König – Ludwig II. von Bayern – Erlebtes, Erforschtes, Erdichtetes von Zeitgenossen und Nachfahren. München 1979

Hüttl, Ludwig: Ludwig II. König von Bayern. München 1986

Keller, Hans K.E.L. (Hrsg.): Der König. Beiträge zur Ludwigforschung. München 1967
Kobell, Luise von: Unter den vier ersten Königen Bayerns. München 1894
Lampert, Friedrich: Ludwig II. König von Bayern, Ein Lebensbild. München 1890
Leopold Prinz von Bayern: Aus den Lebenserinnerungen 1846–1930. Regensburg 1983
Nöhbauer, Hans F.: Auf den Spuren König Ludwigs II. Ein Führer zu Schlössern und Museen, Lebens- und Erinnerungsstätten des Märchenkönigs. 1. Auflage. München 1986
Pourtales, Guy de: Ludwig II. von Bayern oder König Hamlet. München/Zürich 1982
Racowitza, Helene von: Von Anderen und mir. Erinnerungen aller Art. Berlin 1909
Raff, Helene: Erinnerungen verschiedener Zeitgenossen an Ludwig II. In: Jugend, Münchner Illustrierte Wochenschrift für Kunst und Leben. Bd. 2, Nr. 35, 581. München 1902
Rall, Hans; Petzet Michael: König Ludwig II. Wirklichkeit und Rätsel. 2. Auflage. Regensburg 1968
Richter, Werner: Ludwig II. König von Bayern. 14. Auflage. München 2001
Sailer, Anton: Bayerns Märchenkönig – Das Leben Ludwigs II. in Bildern. München 1983
Scharrer-Schauenberg: Unbekanntes und wenig Bekanntes aus den ersten drei Regierungsjahren Königs Ludwig II. von Bayern. München 1906
Schirnding, Carola von: Erinnerungen aus meinen Institutsjahren. In: Hummel, Isabella: Jugendblätter für die Unterhaltung und Belehrung. 34. Jg. München 1928
Schweiggert, Alfons: Ludwig II. – Jetzt rede ich. 238 Fragen und Antworten. Dachau 1984
Schweiggert, Alfons: Schattenkönig – Otto, der Bruder König Ludwigs II. von Bayern. Ein Lebensbild. München 1992
Schweiggert, Alfons: Der Kronprinz. Kindheit und Jugend König Ludwigs II. von Bayern. Pfaffenhofen 1995
Schweiggert, Alfons: Die letzten Tage im Leben König Ludwigs II. St. Ottilien 2003
Schweiggert, Alfons: Edgar Allan Poe und König Ludwig II. Anatomie einer Geistesfreundschaft. St. Ottilien 2008
Seitz, Maria: „Hätt' ich Flügel, um mich zu Dir schwingen zu können, …" Dokument einer lebenslangen Freundschaft. Briefwechsel zwischen König Ludwig II. von Bayern und seinem Vetter Prinz Wilhelm von Hessen-Darmstadt. Darmstadt 2011
Steinberger, Hans: Ludwig II. von Bayern. Der Romantiker auf dem Königsthron. Prien 1906
Tschudi, Clara: König Ludwig II. von Bayern. Leipzig 1911
Wedekind, Kadidja: König Ludwig und sein Hexenmeister. München 1995
Wolf, Georg Jacob: König Ludwig II. und seine Welt. 2. Auflage. München. 1926

Inhaltsverzeichnis